“सुंदरकांड एक भक्त की भव्य विजय का अध्याय है, जो अपने इष्ट प्रभु श्रीराम की कृपा और अपनी इच्छाशक्ति के बल पर अति विस्तृत समुद्र तक को लांघने का चमत्कार कर सकता है। इसमें जीवन की सफलता के महत्त्वपूर्ण सूत्र भी दिए गए हैं। इसी कारण रामचरितमानस के इस अध्याय को न केवल 'सुंदरकांड' का नाम दिया गया, बल्कि इसे अत्यंत श्रेष्ठ भी माना गया है।”

पुनर्संस्करण: 2024

PRAKASH

प्रकाश बुक्स इंडिया प्राइवेट लिमिटेड का एक प्रकाशन

113/ए, दरियागंज, नई दिल्ली-110 002
Email: info@prakashbooks.com/sales@prakashbooks.com

 Fingerprint Publishing
 @FingerprintP
 @fingerprintpublishingbooks
www.fingerprintpublishing.com

ISBN: 978 93 8993 151 8

सुंदरकांड

एक भक्त की भव्य विजय का अध्याय!

लेखक
गोस्वामी तुलसीदास

संपादक
एम.आई. राजस्वी
(उ.प्र. हिंदी संस्थान से सम्मानित)

PRAKASH

सुंदरकांडः एक भक्त की विजय का अध्याय

'सुंदरकांड' में तुलसीदासजी ने प्रभु श्रीराम के परम प्रिय भक्त हनुमानजी की लीलाओं का विशद् वर्णन किया है। इस अध्याय में प्रस्तुत की गई अद्‌भुत और मनोहारी लीलाओं के कारण ही तुलसीदास ने इसे **'सुंदरकांड'** का नाम दिया।

इस अध्याय में हनुमानजी की सुंदर लीलाओं के साथ ही राजनीति, ज्ञान, कर्म और भक्ति के भी सुंदर दर्शन होते हैं। तुलसीदास **'सुंदरकांड'** के द्वारा संदेश देते हैं कि भक्त को सदैव ज्ञान, भक्ति और कर्म से युक्त होना चाहिए। जीवन में ज्ञान, भक्ति और कर्म का समन्वय निश्चित सफलता की ओर अग्रसर करता है।

विभिन्न शुभ अवसरों व शुभ कार्यों के आरंभ में **'सुंदरकांड'** का पाठ कराने का विद्वानों द्वारा विशेष महत्त्व बताया गया है। सुंदरकांड का पाठ कराने से मनोवांछित

फल की प्राप्ति तथा आत्मा की शांति के साथ ही घर में सुख-समृद्धि भी होती है, ऐसा माना जाता है।

धर्म-विशारदों की ऐसी मान्यता है कि सुंदरकांड के पाठ से महावीर हनुमान अति शीघ्र प्रसन्न हो जाते हैं और उनकी कृपा सरलता से प्राप्त होने लगती है। सुंदरकांड में हनुमानजी ने अपने अनुपम साहस, अतुलित बल और प्रखरतम् बुद्धि के द्वारा सीताजी की खोज की थी। अत: यह अध्याय हनुमानजी की सफलता को दर्शाता है और उनके भक्तों को सत्कार्य करते हुए जीवन में सफल होने की प्रेरणा प्रदान करता है।

वास्तव में सुंदरकांड एक भक्त की भव्य विजय का अध्याय है, जो अपने इष्ट प्रभु श्रीराम की कृपा और अपनी इच्छाशक्ति के बल पर अति विस्तृत समुद्र को लांघने का चमत्कार कर सकता है। इसमें जीवन की सफलता के महत्त्वपूर्ण सूत्र भी दिए गए हैं। इसी कारण रामचरितमानस के इस अध्याय को न केवल '**सुंदरकांड**' का नाम दिया गया, बल्कि इसे अत्यंत श्रेष्ठ भी माना गया है।

हमें आशा ही नहीं, बल्कि पूर्ण विश्वास है कि प्रस्तुत पुस्तक आपके एवं आपके परिजनों के लिए अत्यंत उपयोगी एवं प्रेरणादायी सिद्ध होगी।

—एम.आई. राजस्वी

तुलसीदासः एक महान वैश्विक कवि

गोस्वामी तुलसीदास के जन्म-समय और जन्म-स्थान के बारे में विद्वानों में कई मतभेद हैं। कुछ विद्वान तुलसीदासजी का जन्म सोरों शुकरक्षेत्र वर्तमान कासगंज (एटा) उत्तर प्रदेश में सन् 1532 में हुआ मानते हैं, जबकि कुछ विद्वानों का मत है कि उनका जन्म सन् 1497 में व कुछ अन्य का मत है कि सन् 1511 में उत्तर प्रदेश के जिला बांदा वर्तमान चित्रकूट जिले के राजापुर ग्राम में हुआ था। इनके पिता आत्माराम दुबे सरयूपारीण ब्राह्मण थे और इनकी माता हुलसी देवी धार्मिक विचारों की महिला थीं।

एक जनश्रुति के अनुसार, जन्म के समय उनके मुंह में पूरे दांत थे। उनके जन्म के दूसरे दिन ही माता का देहांत हो गया था। अत: पिता द्वारा पुत्र को अशुभ मानकर त्याग दिए जाने के कारण संत नरहरिदास ने काशी में उनका पालन-पोषण किया था। युवा होने पर उनका विवाह हुआ।

वे अपनी पत्नी से अत्यंत प्रेम करते थे। कहा जाता है कि एक बार जब उनकी पत्नी अपने मायके गई तो वे भी उनके पीछे-पीछे ससुराल जा पहुंचे। इस पर पत्नी ने उन्हें बड़ी फटकार लगाई। पत्नी रत्नावली की फटकार के कारण घर से विरक्त होकर तुलसीदास तीर्थाटन के लिए निकल पड़े और तन-मन से भगवान राम की भक्ति में लीन हो गए। उनके द्वारा लिखा गया 'रामचरितमानस' हिंदू धर्म का प्रमुख ग्रंथ माना जाता है।

तुलसीदास को संस्कृत के आदिकवि महर्षि वाल्मीकि का अवतार भी माना जाता है। 'रामचरितमानस' का कथानक महर्षि वाल्मीकि की रचना 'रामायण' से ही लिया गया बताया जाता है। रामचरितमानस को 7 कांडों (अध्यायों) में बांटा गया है। **'सुंदरकांड'** रामचरितमानस का एक प्रमुख कांड है। रामचरितमानस के कांड क्रमशः इस प्रकार हैं- 1. बालकांड, 2. अयोध्याकांड, 3. अरण्यकांड, 4. किष्किंधाकांड, 5. सुंदरकांड, 6. लंकाकांड, 7. उत्तरकांड।

तुलसीदास ने अपने जीवन का अधिकतर समय वाराणसी में बिताया था। गंगा के किनारे स्थित तुलसी घाट का नाम उन्हीं के नाम पर रखा गया है। उन्होंने वाराणसी में हनुमानजी के 'संकटमोचन मंदिर' की स्थापना भी की थी। लोगों का

मत है कि तुलसीदास ने इसी स्थान पर हनुमानजी के साक्षात्
दर्शन किए थे।

तुलसीदास को भारतीय और वैश्विक साहित्य का महान
कवि माना जाता है। उनके कार्यों का प्रभाव हमें भारतीय
कला, संस्कृति और समाज पर स्पष्ट रूप से दिखाई देता
है। बहुत-सी देसी भाषाओं, रामलीला के नाटकों, हिंदुस्तानी
क्लासिकल संगीत, लोकप्रिय संगीत और टी.वी. कार्यक्रमों में
तुलसीदास की छवि और उनकी रचनाओं की महत्ता स्पष्ट
उजागर होती है।

तुलसीदास द्वारा रचित 12 रचनाएं अत्यंत लोकप्रिय हैं,
जिनमें से उनकी 6 मुख्य और 6 छोटी रचनाएं हैं। भाषा के
आधार पर उन्हें दो समूहों में विभाजित किया गया है–

अवधी रचनाएं–रामचरितमानस, रामलला नहछू, बरवै
रामायण, पार्वती मंगल, जानकी मंगल और रामाज्ञा प्रश्न।

ब्रज रचनाएं–कृष्ण गीतावली, गीतावली, साहित्य रत्न,
दोहावली, वैराग्य संदीपनी और विनय पत्रिका।

इन 12 रचनाओं के अतिरिक्त तुलसीदास द्वारा रचित
4 और रचनाएं भी प्रसिद्ध हैं। इनमें मुख्य रूप से हनुमान
चालीसा, हनुमानाष्टक, हनुमान बहुक और तुलसी सतसई
शामिल हैं।

भारत में समय-समय पर धर्म, विज्ञान एवं साहित्य के क्षेत्र में महान विद्वानों और साहित्यकारों ने जन्म लिया है। तुलसीदास उन्ही में से एक थे। आज तक हिंदी साहित्य जगत में उनकी जोड़ का दूसरा ऐसा कवि नहीं हुआ, जो संपूर्ण भारत में अपने साहित्य से इतना प्रभाव छोड़ पाया हो। तुलसीदास का जीवन हिंदी साहित्य में सूरज के समान रहा है, जिनकी किरणों ने केवल हिंदू समाज को ही नहीं, बल्कि संपूर्ण विश्व को प्रकाशित किया है। तुलसीदास ने मानव समाज के उत्थान हेतु लोक-मर्यादा की आवश्यकता को महसूस किया था, इसलिए उन्होंने 'रामचरितमानस' में राम को मर्यादा पुरुषोत्तम के रूप में प्रस्तुत किया और राम, लक्ष्मण, सीता, भरत, हनुमान आदि के रूप में ऐसे आदर्श चरित्रों का स्पष्ट एवं साकार चित्रण किया है, जो जनमानस का सदैव मार्गदर्शन करते रहेंगे।

सन् 1623 श्रावण शुक्ला सप्तमी के दिन तुलसीदासजी अपने कार्यों का समापन कर स्वर्ग सिधार गए। यद्यपि आज वे हमारे बीच में नहीं हैं, तथापि भारतीय जनमानस में वे अपने रचना-संसार के रूप में सदैव जीवित रहेंगे।

अनुक्रम

अनुक्रम

सुंदरकांड
का पाठ करने
की विधि

'सुंदरकांड' रामचरितमानस का सबसे सुंदर अध्याय माना जाता है। इसमें महावीर हनुमान की वीरता, धीरता और सफलता की गौरवपूर्ण गाथा कही गई है। ऐसा माना जाता है कि किसी जातक पर ऊपरी बाधा हो या असाध्य रोग से संबंधित कोई संकट-नियमित रूप से सुदरकांड का पाठ करने से सभी संकटों और समस्याओं का समाधान शीघ्र ही हो जाता है।

सुंदरकांड का पाठ मंगलवार, शनिवार अथवा श्रावण मास में प्रतिदिन करना शुभ माना जाता है। सुंदरकांड का पाठ करने की मुख्य रूप से दो विधियां प्रचालित हैं-

1. संपूर्ण पूजा विधि- इस विधि से सुंदरकांड का पाठ करने से पहले सभी देवताओं का आह्वान किया जाता है। इस विधि से सुंदरकांड का पाठ किसी विद्वान पंडित के द्वारा ही पूर्ण कराया जाना उचित माना जाता है।
2. सरल पूजा विधि- सुंदरकांड का पाठ करने की यह अत्यंत प्रचलित और सरल विधि है। इस विधि द्वारा निम्नलिखित प्रकार से सुंदरकांड का पाठ किया जाता है-

सर्वप्रथम पूर्व दिशा में एक चौकी स्थापित की जाती है। उस पर लाल रंग का साफ-स्वच्छ कपड़ा बिछाया जाता है। इसी लाल कपड़े पर श्रीराम दरबार अथवा हनुमानजी का चित्र स्थापित किया जाता है।

इस चौकी के सम्मुख अपेक्षाकृत नीचा आसन लगाकर जातक बैठ जाता है। एक पात्र में जल, धूप-दीप, पुष्प, चावल, मीठा प्रसाद, रोली और रामचरितमानस आदि सामग्री को जातक आपने समीप रख लें। सबसे पहले घी का दीपक प्रज्वलित करके धूप आदि लगाएं और रामदरबार के सभी देवताओं को तिलक करें, फिर रामचरितमानस को तिलक करके अर्थात् पुष्प और मीठा प्रसाद क्रमशः अर्पित करें और जल के छींटे लगाएं।

जातक दाएं हाथ में थोड़ा जल लेकर निम्नलिखित प्रकार से संकल्प लें–

'ऊँ श्रीविष्णु-ऊँ श्रीविष्णु-ऊँ श्रीविष्णु! हे परमपिता परमेश्वर! मैं (अपने नाम का उच्चारण करें), गोत्र (अपने गोत्र का उच्चारण करें), अपने इस (समस्या अथवा कार्य को बोलें) के समाधान की सिद्धि के लिए सुंदरकांड का पाठ कर रहा हूं। मुझे इसमें पूर्ण सफलता प्रदान करें।' यह संकल्प लेकर जातक जल

को भूमि पर छोड़ दें और 'ऊँ श्रीविष्णु-ऊँ श्रीविष्णु-ऊँ श्रीविष्णु' कहें।

जातक इसके बाद गणेशजी की स्तुति मंत्र द्वारा उनका स्मरण करके फिर अपने पितृदेव का स्मरण करें, तदुपरांत तीन बार प्रभु श्रीराम के नाम का स्मरण करके हनुमानजी के स्तुति मंत्र का उच्चारण करें।

जातक इसके बाद सुंदरकांड का पाठ करें, लेकिन यदि सुंदरकांड का पाठ करने से पूर्व रामचरितमानस के चतुर्थ सोपान किष्किंधाकांड के अंतिम भाग का पाठ कर लिया जाए तो वह उत्तम माना गया है।

सुंदरकांड के
पाठ से पूर्व

विद्वजनों के अनुसार, सुंदरकांड का पाठ करने से पूर्व रामचरितमानस के चतुर्थ सोपान 'किष्किंधाकांड' के अंतिम भाग का पाठ कर लिया जाए तो वह अत्युत्तम होता है। इस भाग को 'सुंदरकांड' की प्रस्तावना के रूप में भी माना जाता है।

रीछराज जांबवान् वानरदल के साथ समुद्र तट पर डेरा डाले हुए हैं। उन्हें जटायु के भाई संपाति से ज्ञात हो चुका है कि सीताजी लंका नगरी मे स्थित अशोक वाटिका में हैं। अब वानरदल में विचार-मंथन चल रहा है कि उनमें से लंका नगरी तक कौन जाकर सीताजी की विश्वसनीय सूचना लेकर आए, ताकि वानरराज सुग्रीव और श्रीराम को संतुष्ट किया जा सके।

जांबवान् अपने बल-पराक्रम का वर्णन करते हैं, किंतु कहते हैं कि वृद्धावस्था के कारण वे सौ योजन के समुद्र को छलांग लगाकर पार करके लंका नगरी तक नहीं पहुंच सकते। इस पर वानरराज बालि के पुत्र अंगद कहते हैं-

चौपाई

अंगद कहइ जाऊं मैं पारा।
जियं संसय कछु फिरती बारा॥
जामवंत कह तुम्ह सब लायक।
पठइअ किमि सबही कर नायक॥1॥

कहइ रीछपति सुनु हनुमाना।
का चुप साधि रहेहु बतलाना॥
पवन तनय बल पवन समाना।
बुधि बिबेक बिग्यान निधाना॥2॥

कवन सो काज कठिन जग माहीं।
जो नहिं होइ तात तुम्ह पाहीं॥
राम काज लगि तव अबतारा।
सुनतहिं भयउ पर्बताकारा॥3॥

कनक बरन तन तेज बिराजा।
मानहु अपर गिरिन्ह कर राजा॥
सिंहनाद करि बारहिं बारा।
लीलहिं नाघउं जलनिधि खारा॥4॥

सहित सहाय रावनहि मारी।
आनंउ इहां त्रिकूट उपारी॥
जामवंत मैं पूंछउं तोही।
उचित सिखावनु दीनहु मोही॥5॥
एतना करहु तात तुम्ह जाई।
सीतहि देखि कहहु सुधि आई॥
तब निज भुज बल राजिवनैना।
कौतुक लागि संग कपि सेना॥6॥

भावार्थ—युवराज अंगद ने कुछ असमंजसता से कहा कि मैं सौ यौजन के समुद्र को लांघकर लंका नागरी तक तो अवश्य पहुंच सकता हूं, परंतु लौटने में मुझे संदेह होता है। इस पर जामवंत ने कहा, युवराज अंगद! तुम सभी प्रकार से इस कार्य के लिए योग्य हो, परंतु तुम हम सबके नेता हो। अतः तुम्हें कैसे भेजा जा सकता है? इसके बाद रीछराज जामवंत हनुमानजी से बोले, 'हे वीरवर हनुमान! तुमने क्यों मौन धारण किया हुआ है? तुम पवन-पुत्र हो और पवनदेव के समान ही बलवान हो। वास्तव में तुम बुद्धि, विवेक और विज्ञान की खान हो। हे तात! संसार में ऐसा कौन-सा कठिन कार्य है, जिसे तुम

पूरा न कर सको! प्रभु श्रीराम के कार्य को पूर्ण करने के लिए ही तो तुम्हारा भूलोक में अवतरण हुआ है।' जामवंत की यह बात सुनते ही हनुमानजी को जैसे अपने बल और उद्देश्य का स्मरण हो गया और उनका शरीर पर्वत के समान विशाल हो गया। (1-3)

हनुमानजी के सोने जैसे वर्ण पर तेज सुशोभित हो रहा था मानो वे पर्वतराज सुमेरू हों। उन्होंने बारंबार सिंहनाद करते हुए कहा, 'इस खारे जल के समुद्र को मैं खेल-खेल में ही लांघ सकता हूं और रावण को उसके सहायकों सहित मारकर, जिस त्रिकूट पर्वत पर लंका स्थित है, उसे ही उखाड़कर यहां ला सकता हूं। हे जांबवान्! मैं तुमसे जानना चाहता हूं कि मेरे लिए क्या करने योग्य है और क्या उचित है?' (4-5)

जांबवान् ने कहा, 'हे तात! तुम लंका में जाकर केवल इतना ही करो कि वहां सीताजी को देखकर लौट आओ और यहां आकर उनका पूरा समाचार कह सुनाओ। इसके बाद प्रभु श्रीराम अपनी लीला दिखाने-भर के लिए वानरों की सेना अपने साथ लेंगे और सभी राक्षसों का संहार कर सीताजी को सकुशल ले आएंगे। (6)

छंद

कपि सेन संग संघारि निसिचर रामु सीतहि आनिहैं।
त्रैलोक पावन सुजसु सुर मुनि नारदादि बखानिहैं॥
जो सुनत गावत कहत समुझत परम पद नर पावई।
रघुबीर पद पाथोज मधुकर दास तुलसी गावई॥

भावार्थ–प्रभु श्रीराम वानरों की सेना को अपने संग लेकर राक्षसों का संहार कर डालेंगे और सीताजी को ले आएंगे, तब देवता, मुनि और नारद आदि तीनों लोकों को पावन करने वाले भगवान श्रीराम के यश का बखान करेंगे। इस बखान (स्तुति) को सुनने, गाने, कहने और समझने से मनुष्यों को परम पद की प्राप्ति होती है और प्रभु श्री रघुवीर के चरण-कमल का सेवक मधुकर बनकर तुलसीदास इसका गायन करता है।

दोहा

भव भेषज रघुनाथ जसु सुनहिं जे नर अरु नरि।
तिन्ह कर सकल मनोरथ सिद्ध करहिं त्रिसिरारि॥

भावार्थ– प्रभु श्रीरघुनाथ का यश भव (जन्म-मरण) रूपी रोग की अचूक औषधि है। जो नर एवं नारी इस यश (स्तुति) का श्रवण करेंगे, त्रिशिरा के शत्रु श्रीराम उनके सभी मनोरथ सिद्ध कर देंगे।

सोरठा

नीलोत्पल तन स्याम काम कोटि सोभा अधिक।
सुनिअ तासु गुन ग्राम जासु नाम अघ खग बधिक॥

भावार्थ–नीलकमल के समान जिनका श्यामल शरीर है, जिसकी शोभा करोड़ों कामदेवों से भी अधिक है और जिनका नाम पाप रूपी पक्षियों का वध करने वाले

वधिक (शिकारी) के समान है, उन प्रभु श्रीराम के गुणों (लीलाओं) का अवश्य श्रवण करना चाहिए।

सुनु दसकंठ कहउं पन रोपी।
बिमुख राम त्राता नहिं कोपी॥
संकर सहस बिष्नु अज तोही।
सकहिं न राखि राम कर द्रोही॥

"सुनो हे रावण! मैं प्रतिज्ञापूर्वक कहता हूं कि श्रीरामजी से विमुख होने वाले प्राणी की रक्षा करने वाला ब्रह्मांड में कोई भी नहीं है। हजारों शंकर, विष्णु और ब्रह्मा आदि भी मिलकर श्रीरामजी से द्रोह करके तुम्हारी रक्षा नहीं कर सकते।"

—महावीर हनुमान
(**सुंदरकांड** से)

सुंदरकांड

श्रीराम-वंदना

शान्तं शाश्वतमप्रमेयमनघं निर्वाणशान्तिप्रदं
ब्रह्माशम्भुफणीन्द्रसेव्यमनिशं वेदान्तवेद्यं विभुम्।
रामाख्यं जगदीश्वरं सुरगुरुं मायामनुष्यं हरिं
वन्देऽहं करुणाकरं रघुवरं भूपालचूड़ामणिम्॥1॥

भावार्थ—शांत, शाश्वत, अप्रमेय, निष्पाप, मोक्ष रूपी परम
शांति देनेवाले, ब्रह्मा, शिव और शेषजी द्वारा निरंतर सेवित,
वेदांत के द्वारा जानने योग्य, सर्वव्यापक, देवताओं में
सबसे बड़े, माया द्वारा मनुष्य रूप में दिखने वाले, समस्त
पापों का हरण करने वाले, करुणा के सागर, रघुकुल
श्रेष्ठ तथा राजाओं के शिरोमणि श्रीराम कहलाने वाले
जगदीश्वर की मैं करबद्ध होकर वंदना करता हूं। (1)

नान्या स्पृहा रघुपते हृदयेऽस्मदीये
सत्यं वदामि च भवानखिलान्तरात्मा।
भक्तिं प्रयच्छ रघुपुङ्गव निर्भरां मे
कामादिदोषरहितं कुरु मानसं च॥2॥

भावार्थ—हे रघुपतिजी! मैं सत्य कहता हूं कि आप सबके अंतर्मन में समाए हुए हैं और मेरे हृदय में अन्य कोई इच्छा नहीं है। आप मुझे अपनी निर्भरा भक्ति प्रदान करके मेरे मन को काम आदि विकारों से रहित कर दीजिए। (2)

अतुलितबलधामं हेमशैलाभदेहं
दनुजवनकृशानुं ज्ञानिनामग्रगण्यम्।
सकलगुणनिधानं वानराणामधीशं
रघुपतिप्रियभक्तं वातजातं नमामि॥3॥

भावार्थ—अतुलित बलशाली, सुमेरु पर्वत के समान कांतिमय शरीर वाले, दैत्य रूपी वन का विध्वंस करने के लिए अग्नि रूप, ज्ञानियों में अग्रणीय, संपूर्ण गुणों के निधान, वानरों के स्वामी, श्री रघुनाथजी के अत्यंत प्रिय भक्त पवनपुत्र महाबली श्री हनुमानजी को मैं सादर प्रणाम करता हूं। (3)

चौपाई

जामवंत के बचन सुहाए।
सुनि हनुमंत हृदय अति भाए॥
तब लगि मोहि परिखेहु तुम्ह भाई।
सहि दुख कंद मूल फल खाई॥1॥
जब लगि आवौं सीतहि देखी।
होइहि काजु मोहि हरष बिसेषी॥
यह कहि नाइ सबन्हि कहुं माथा।

चलेउ हरषि हियं धरि रघुनाथा॥2॥
सिंधु तीर एक भूधर सुंदर।
कौतुक कूदि चढ़ेउ ता ऊपर॥
बार बार रघुबीर संभारी।
तरकेउ पवनतनय बल भारी॥3॥
जेहिं गिरि चरन देइ हनुमंता।
चलेउ सो गा पाताल तुरंता॥
जिमि अमोघ रघुपति कर बाना।
एही भांति चलेउ हनुमाना॥4॥
जलनिधि रघुपति दूत बिचारी।
तैं मैनाक होहि श्रमहारी॥5॥

भावार्थ–जामवंत के सुंदर वचन हनुमानजी के हृदय को बहुत ही अच्छे लगे। वे बोले, हे भाई! तुम लोग दुःख सहकर, कंद-मूल-फल खाकर तब तक मेरी राह देखना, जब तक मैं सीताजी को देखकर न लौट आऊं। यह कार्य अवश्य पूर्ण होगा, क्योंकि मुझे बहुत ही हर्ष हो रहा है। यह कहते हुए सबको शीश झुकाकर तथा हृदय में श्री रघुनाथजी को धारण करके हनुमानजी हर्षित होकर वहां से चल पड़े। समुद्र के तट पर एक सुंदर पर्वत था।

हनुमानजी खेल-ही-खेल में कूदकर उसके ऊपर जा चढ़े और बारंबार श्रीराम का स्मरण करते हुए उस पर से बड़े वेग से उछले। हनुमानजी जिस पर्वत पर पैर रखकर चले, वह तुरंत ही पाताल में समा गया। श्री रघुनाथजी का अमोघ बाण जिस प्रकार चलता है, उसी प्रकार हनुमानजी तीव्र वेग से चले। समुद्र ने हनुमानजी को श्री रघुनाथजी का दूत समझकर मैनाक पर्वत से कहा कि हे मैनाक! तू इनकी थकान दूर करने वाला बन जा। (1-5)

दोहा

~~~

हनूमान तेहि परसा कर पुनि कीन्ह प्रनाम।
राम काजु कीन्हें बिनु मोहि कहां बिश्राम॥1॥

भावार्थ–हनुमानजी ने मैनाक पर्वत को हाथ से छूकर प्रणाम किया और कहा, भाई! श्री रामचंद्रजी का काम किए बिना मुझे विश्राम कहां! (1)

चौपाई

जात पवनसुत देवन्ह देखा।
जानैं कहुं बल बुद्धि बिसेषा॥
सुरसा नाम अहिन्ह कै माता।
पठइन्हि आइ कही तेहिं बाता॥1॥
आजु सुरन्ह मोहि दीन्ह अहारा।
सुनत बचन कह पवनकुमारा॥
राम काजु करि फिरि मैं आवौं।
सीता कइ सुधि प्रभुहि सुनावौं॥2॥
तब तव बदन पैठिहउं आई।
सत्य कहउं मोहि जान दे माई॥
कवनेहुं जतन देइ नहिं जाना।
ग्रससि न मोहि कहेउ हनुमाना॥3॥
जोजन भरि तेहिं बदनु पसारा।
कपि तनु कीन्ह दुगुन बिस्तारा॥
सोरह जोजन मुख तेहिं ठयऊ।
तुरत पवनसुत बत्तिस भयऊ॥4॥
जस जस सुरसा बदनु बढ़ावा।

तासु दून कपि रूप देखावा॥
सत जोजन तेहिं आनन कीन्हा।
अति लघु रूप पवनसुत लीन्हा॥5॥
बदन पइठि पुनि बाहेर आवा।
मागा बिदा ताहि सिरु नावा॥
मोहि सुरन्ह जेहि लागि पठावा।
बुधि बल मरमु तोर मैं पावा॥6॥

भावार्थ–देवताओं ने पवनपुत्र हनुमानजी को सीताजी की
खोज में जाते हुए देखा। उन्होंने हनुमानजी की विशेष
बल-बुद्धि को जानने के लिए सुरसा नामक सर्पों की
माता को भेजा। सुरसा ने समुद्र में आकर हनुमानजी से
कहा, आज देवताओं ने मुझे तुम्हारे रूप में भोजन दिया
है। यह वचन सुनकर हनुमानजी ने कहा, श्रीरामजी का
कार्य करके मैं लौट आऊं और सीताजी का समाचार प्रभु
को सुना दूं, तब तुम मुझे खा लेना। हे माता! मैं सत्य
कहता हूं, अभी मुझे जाने दे। जब किसी भी उपाय से
सुरसा ने उन्हें जाने नहीं दिया, तब हनुमानजी ने कहा,
तो फिर मुझे खा ले। सुरसा ने योजन-भर मुंह फैलाया
तो हनुमानजी ने अपने शरीर को उससे दुगना बड़ा कर

लिया। उसने सोलह योजन का मुख किया तो हनुमानजी तुरंत ही बत्तीस योजन के हो गए। सुरसा मुख का विस्तार जैसे-जैसे बढ़ाती जाती थी, हनुमानजी उसका दुगना बड़ा शरीर कर लेते थे। उसने सौ योजन मुख किया तो हनुमानजी बहुत ही छोटा रूप धारण करते हुए उसके मुख में घुसकर तुरंत ही बाहर निकल आए और उसे सिर नवाकर विदा मांगने लगे। उसने कहा, मैंने तुम्हारे बुद्धि-बल का भेद पा लिया, जिसके लिए देवताओं ने मुझे यहां भेजा था। (1-6)

दोहा

राम काजु सबु करिहहु तम्ह बल बुद्धि निधान।
आसिष देह गई सो हरषि चलेउ हनुमान॥2॥

भावार्थ—तुम श्री रामचंद्रजी के सब कार्य पूरे करोगे, क्योंकि तुम बल-बुद्धि के भंडार हो। यह आशीर्वाद देकर सुरसा वहां से चली गई, तब हनुमानजी हर्षित होकर आगे बढ़े। (2)

चौपाई

निसिचरि एक सिंधु महुं रहई।
करि माया नभु के खग गहई॥
जीव जंतु जे गगन उड़ाहीं।
जल बिलोकि तिन्ह कै परिछाहीं॥1॥
गहइ छाहं सक सो न उड़ाई।
एहि बिधि सदा गगनचर खाई॥
सोइ छल हनूमान कहं कीन्हा।
तासु कपटु कपि तुरतहिं चीन्हा॥2॥
ताहि मारि मारुतसुत बीरा।
बारिधि पार गयउ मतिधीरा॥
तहां जाइ देखी बन सोभा।
गुंजत चंचरीक मधु लोभा॥3॥
नाना तरु फल फूल सुहाए।
खग मृग बृंद देखि मन भाए॥
सैल बिसाल देखि एक आगें।
ता पर धाइ चढ़ेउ भय त्यागें॥4॥
उमा न कछु कपि कै अधिकाई।

प्रभु प्रताप जो कालहि खाई॥5॥
गिरि पर चढ़ि लंका तेहिं देखी।
कहि न जाइ अति दुर्ग बिसेषी॥
अति उतंग जलनिधि चहु पासा।
कनक कोट कर परम प्रकासा॥6॥

भावार्थ–समुद्र में एक राक्षसी रहती थी। वह मायाजाल के द्वारा आकाश में उड़ते हुए पक्षियों को पकड़ लेती थी। आकाश में जो जीव-जंतु उड़ा करते थे, वह जल में उनकी परछाईं देखकर उसे पकड़ लेती थी। इस प्रकार वह सदा आकाश में उड़ने वाले जीवों को खाया करती थी। उसने वही छल हनुमानजी के साथ भी करना चाहा, परंतु वे तुरंत ही उसका कपट पहचान गए। धीरबुद्धि हनुमानजी उसको मारकर समुद्र के पार गए। वहां जाकर उन्होंने वन की शोभा देखी कि मधु के लोभ से भौंरे गुंजार कर रहे हैं। अनेक प्रकार के वृक्ष फल-फूल से शोभायमान हैं। पक्षी और पशुओं के समूह को देखकर वे मन में बहुत ही प्रसन्न हुए। सामने एक विशाल पर्वत देखकर हनुमानजी निर्भय होकर उस पर दौड़कर जा चढ़े। शिवजी पार्वती से कहते हैं, हे उमा! इसमें वानर हनुमान

की कुछ बड़ाई नहीं है। यह प्रभु का प्रताप है, जो काल को भी खा जाता है। पर्वत पर चढ़कर हनुमानजी ने लंका देखी। बहुत ही बड़ा किला है, कुछ कहा नहीं जाता। वह अत्यंत ऊंचा है, उसके चारों ओर समुद्र है। सोने के परकोटे का परम प्रकाश चारों ओर फैल रहा है। (1-6)

छंद

कनक कोट बिचित्र मनि कृत सुंदरायतना घना।
चउहट्ट हट्ट सुबट्ट बीथीं चारु पुर बहु बिधि बना॥
गज बाजि खच्चर निकर पदचर रथ बरूथिन्ह को गनै॥
बहुरूप निसिचर जूथ अतिबल सेन बरनत नहिं बनै॥1॥
बन बाग उपबन बाटिका सर कूप बापीं सोहहीं।
नर नाग सुर गंधर्ब कन्या रूप मुनि मन मोहहीं॥
कहुं माल देह बिसाल सैल समान अतिबल गर्जहीं।
नाना अखारेन्ह भिरहिं बहु बिधि एक एकन्ह तर्जहीं॥2॥
करि जतन भट कोटिन्ह बिकट तन नगर चहुं दिसि रच्छहीं।
कहुं महिष मानषु धेनु खर अज खल निसाचर भच्छहीं॥

एहि लागि तुलसीदास इन्ह की कथा कछु एक है कही।
रघुबीर सर तीरथ सरीरन्हि त्यागि गति पैहहिं सही॥3॥

भावार्थ—विचित्र मणियों से युक्त सोने का परकोटा है,
उसके अंदर बहुत से सुंदर घर हैं। वहां चौराहे, बाजार,
सुंदर मार्ग और गलियां हैं। सुंदर नगर अनेक प्रकार से
सुसज्जित है। हाथी, घोड़े, खच्चरों के समूह तथा पैदल
और रथों के समूहों को कौन गिन सकता है! अनेक
स्वरूपों के राक्षसों के दल हैं, उनकी अत्यंत बलवान सेना
अवर्णनीय है। वन, उपवन, फुलवारी, तालाब, कुएं और
बावलियां शोभायमान हो रहे हैं। यहां-वहां मनुष्य, नाग,
देवताओं और गंधर्वों की कन्याएं अपने सौंदर्य से मुनियों
के भी मन को मोह रही हैं। कहीं पर्वत के समान विशाल
शरीर वाले बड़े ही बलवान मल्ल गर्जना कर रहे हैं। वे
अनेक अखाड़ों में विभिन्न प्रकार से एक दूसरे से भिड़ते
और जोर-जोर से ललकारते हैं। विकट शरीर वाले करोड़ों
योद्धा बड़ी सावधानी के साथ नगर की चारों दिशाओं से
रखवाली करते हैं। कहीं दुष्ट राक्षस भैंसों, मनुष्यों, गायों,
गधों एवं बकरों का भक्षण कर रहे हैं। तुलसीदास ने
इनकी कथा इसीलिए कुछ थोड़ी-सी प्रस्तुत की है कि

ये निश्चित रूप से श्री रामचंद्रजी के बाण रूपी तीर्थ में शरीरों को त्यागकर परम गति प्राप्त करेंगे। (1–3)

दोहा

पुर रखवारे देखि बहु कपि मन कीन्ह बिचार।
अति लघु रूप धरौं निसि नगर करौं पइसार॥3॥

भावार्थ–चारों दिशाओं से नगर की रखवाली करने वालों को देखकर हनुमानजी ने मन में विचार किया कि मुझे अत्यंत लघु रूप धारण करके रात के समय नगर में प्रवेश करना चाहिए। (3)

चौपाई

मसक समान रूप कपि धरी।
लंकहि चलेउ सुमिरि नरहरी॥
नाम लंकिनी एक निसिचरी।

सो कह चलेसि मोहि निंदरी॥1॥

जानेहि नहीं मरमु सठ मोरा।

मोर अहार जहां लगि चोरा॥

मुठिका एक महा कपि हनी।

रुधिर बमत धरनीं ढनमनी॥2॥

पुनि संभारि उठि सो लंका।

जोरि पानि कर बिनय संसका॥

जब रावनहि ब्रह्म बर दीन्हा।

चलत बिरंचि कहा मोहि चीन्हा॥3॥

बिकल होसि तैं कपि कें मारे।

तब जानेसु निसिचर संघारे॥

तात मोर अति पुन्य बहूता।

देखेउं नयन राम कर दूता॥4॥

भावार्थ–हनुमानजी ने मच्छर के समान लघु रूप धारण करके मानव के रूप में लीला करने वाले भगवान श्री रामचंद्रजी का स्मरण किया और वे तीव्र वेग से लंका की ओर उड़ चले। लंका के द्वार पर लंकिनी नाम की एक राक्षसी पहरेदार के रूप में रहती थी। वह तीव्र स्वर में बोली, मुझसे बिना पूछे कहां चले जा रहे हो? हे मूर्ख!

तुम मेरा भेद नहीं जानते। यहां जितने चोर आते हैं, वे सभी मेरा आहार बनते हैं। इस पर हनुमानजी ने उसे एक घूंसा मारा, तो वह खून की उल्टी करती हुई पृथ्वी पर धराशायी हो गई। इसके बाद लंकिनी स्वयं को संभालकर उठी और भयभीत होकर हाथ जोड़ते हुए विनती कर कहने लगी, रावण को जब ब्रह्माजी ने वरदान दिया था, तब चलते समय उन्होंने मुझे राक्षसों के विनाश की यह पहचान बताई थी कि जब तू एक वानर के प्रहार से व्याकुल हो जाए, तो समझ लेना कि शीघ्र ही राक्षसों का संहार होने वाला है। हे तात! मेरे बड़े पुण्य हैं कि मैं श्री रामचंद्रजी के दूत अर्थात् आपको अपनी आंखों से साक्षात् देख रही हूं। (1-4)

दोहा

तात स्वर्ग अपबर्ग सुख धरिअ तुला एक अंग।
तूल न ताहि सकल मिलि जो सुख लव सतसंग॥4॥

भावार्थ—हे तात! यदि स्वर्ग एवं मोक्ष के सब सुखों को तराजू के एक पलड़े में रख दिया जाए, तो भी वे सब

मिलकर दूसरे पलड़े में रखे हुए उस सुख के बराबर कदापि नहीं हो सकते, जो क्षण-मात्र के सत्संग से प्राप्त होता है। (4)

चौपाई

प्रबिसि नगर कीजे सब काजा।
हृदयं राखि कौसलपुर राजा॥
गरल सुधा रिपु करहिं मिताई।
गोपद सिंधु अनल सितलाई॥1॥
गरुड़ सुमेरु रेनू सम ताही।
राम कृपा करि चितवा जाही॥
अति लघु रूप धरेउ हनुमाना।
पैठा नगर सुमिरि भगवाना॥2॥
मंदिर मंदिर प्रति करि सोधा।
देखे जहं तहं अगनित जोधा॥
गयउ दसानन मंदिर माहीं।
अति बिचित्र कहि जात सो नाहीं॥3॥
सयन किए देखा कपि तेही।

मंदिर महुं न दीखि बैदेही॥
भवन एक पुनि दीख सुहावा।
हरि मंदिर तहं भिन्न बनावा॥4॥

भावार्थ—आप अयोध्यापुरी के महाराजा श्री रघुनाथजी को हृदय में रखते हुए नगर में प्रवेश करके सब कार्य पूर्ण कीजिए। श्री रामचंद्रजी ने एक बार कृपा करके जिसे देख लिया, ऐसे प्राणी के लिए विष भी अमृत हो जाता है, शत्रु भी मित्रता करने लगते हैं, समुद्र गाय के खुर के बराबर हो जाता है, अग्नि में शीतलता आ जाती है और पक्षीराज गरुड़ तथा विशाल सुमेरु पर्वत भी उसके लिए रज-कण के समान हो जाते हैं। इसके बाद हनुमानजी ने सूक्ष्म रूप धारण किया और भगवान श्रीराम का स्मरण करते हुए लंका नगरी में प्रवेश किया। उन्होंने एक-एक महल की अच्छी तरह जांच की और वहां असंख्य योद्धाओं को देखा, फिर वे रावण के महल में गए। वह अत्यंत विचित्र और अवर्णनीय था। हनुमानजी ने रावण को शयन करते हुए देखा, परंतु महल में उन्हें जानकीजी के दर्शन नहीं हुए, फिर उन्हें एक सुंदर महल दिखाई दिया। उस महल में भगवान का एक अलग मंदिर बना हुआ था। (1-4)

दोहा

रामायुध अंकित गृह सोभा बरनि न जाइ।
नव तुलसिका बृंद तहं देखि हरषि कपिराइ॥5॥

भावार्थ—वह महल श्रीरामजी के आयुध अर्थात् धनुष-बाण के चिह्नों से सुसज्जित हो रहा था। उसकी शोभा का वर्णन नहीं किया जा सकता। वहां नए-नए तुलसी के वृक्ष-समूहों को देखकर हनुमानजी मन-ही-मन बहुत हर्षित हुए। (5)

चौपाई

लंका निसिचर निकर निवासा।
इहां कहां सज्जन कर बासा॥
मन महुं तरक करै कपि लागा।
तेहीं समय बिभीषनु जागा॥1॥
राम राम तेहिं सुमिरन कीन्हा।

हृदयं हरष कपि सज्जन चीन्हा॥
एहि सन हठि करिहउं पहिचानी।
साधु ते होइ न कारज हानी॥2॥
बिप्र रूप धरि बचन सुनाए।
सुनत बिभीषन उठि तहं आए॥
करि प्रनाम पूंछी कुसलाई।
बिप्र कहहु निज कथा बुझाई॥3॥
की तुम्ह हरि दासन्ह महं कोई।
मोरें हृदय प्रीति अति होई॥
की तुम्ह रामु दीन अनुरागी।
आयहु मोहि करन बडभागी॥4॥

भावार्थ—लंका में तो राक्षसों का निवास है, फिर यहां सज्जन पुरुष का निवास कहां हो सकता है? हनुमानजी मन में इस प्रकार तर्क कर ही रहे थे कि उसी समय विभीषणजी जागे। विभीषण ने राम नाम का स्मरण किया तो हनुमानजी उन्हें सज्जन पुरुष जानकर हृदय में हर्षित हुए। हनुमानजी ने विचार किया कि इनसे आग्रहपूर्वक परिचय करूंगा, क्योंकि सज्जन पुरुष से कार्य की हानि नहीं होती, बल्कि लाभ ही होता है। ब्राह्मण का रूप

धारण करके हनुमानजी ने उन्हें पुकारा तो विभीषणजी उठकर उनके पास आए। प्रणाम करके उन्होंने हनुमानजी की कुशलता पूछते हुए कहा, हे ब्राह्मणदेव! अपना परिचय दीजिए। क्या आप हरिभक्तों में से कोई हैं? आपको देखकर मेरा हृदय अति प्रेम से परिपूर्ण हो रहा है। क्या आप दीनों से प्रेम करने वाले स्वयं भगवान श्रीरामजी ही हैं, जो मुझे दर्शन देकर सौभाग्यशाली बनाने आए हैं? (1-4)

दोहा

तब हनुमंत कही सब राम कथा निज नाम।
सुनत जुगल तन पुलक मन मगन सुमिरि गुन ग्राम॥6॥

भावार्थ–विभीषण की बात सुनकर प्रसन्न होकर हनुमानजी ने श्री रामचंद्रजी की संपूर्ण कथा कह सुनाई और फिर अपना नाम बताया। श्रीराम के गुणों का स्मरण करके दोनों भक्तों के तन-मन पुलकित होकर आनंदमग्न हो गए। (6)

चौपाई

सुनहु पवनसुत रहनि हमारी।
जिमि दसनन्हि महुं जीभ बिचारी॥
तात कबहुं मोहि जानि अनाथा।
करिहहिं कृपा भानुकुल नाथा॥1॥
तामस तनु कछु साधन नाहीं।
प्रीति न पद सरोज मन माहीं॥
अब मोहि भा भरोस हनुमंता।
बिनु हरिकृपा मिलहिं नहिं संता॥2॥
जौं रघुबीर अनुग्रह कीन्हा।
तौ तुम्ह मोहि दरसु हठि दीन्हा॥
सुनहु बिभीषन प्रभु कै रीती।
करहिं सदा सेवक पर प्रीती॥3॥
कहहु कवन मैं परम कुलीना।
कपि चंचल सबहीं बिधि हीना॥
प्रात लेइ जो नाम हमारा।
तेहि दिन ताहि न मिलै अहारा॥4॥

भावार्थ–विभीषण बोले, हे पवनपुत्र! मेरे लंका में रहने की बात सुनो। मैं यहां वैसे ही रहता हूं, जैसे दांतों के बीच में बेचारी जिह्वा रहती है। हे तात! मुझे अनाथ जानकर सूर्यवंश के नाथ श्री रामचंद्रजी क्या कभी मुझ पर कृपा करेंगे? मेरा तामसी शरीर होने के कारण साधन तो कुछ बनता नहीं और न मन में श्रीराम के चरण-कमलों से प्रेम ही है, परंतु हे हनुमान! अब मुझे विश्वास हो गया कि श्रीराम की मुझ पर कृपा है, क्योंकि हरिकृपा के बिना सज्जन पुरुष से भेंट नहीं होती। श्री रघुवीर की कृपा से ही आपने मुझे अनुग्रहपूर्वक दर्शन दिए हैं। इस पर हनुमानजी ने कहा, हे विभीषण! प्रभु की यही रीति है कि वे अपने सेवक से सदैव प्रेम किया करते हैं। मैं ही कौन बड़ा कुलीन हूं? मैं चंचल वानर सभी प्रकार से तुच्छ हूं। जो हम लोगों (वानरों) का नाम प्रात:काल ले ले तो दिन-भर उसे भोजन तक प्राप्त न हो। (1-4)

दोहा

अस मैं अधम सखा सुनु मोहू पर रघुबीर।
कीन्ही कृपा सुमिरि गुन भरे बिलोचन नीर॥7॥

भावार्थ–हे सखा! सुनिए, श्री रामचंद्रजी ने तो मुझ अधम
पर भी कृपा की है। भगवान के गुणों का स्मरण करके
हनुमानजी के दोनों नेत्र प्रेमाश्रुओं से भर गए। (7)

चौपाई

जानतहूं अस स्वामि बिसारी।
फिरहिं ते काहे न होहिं दुखारी॥
एहि बिधि कहत राम गुन ग्रामा।
पावा अनिर्बाच्य बिश्रामा॥1॥
पुनि सब कथा बिभीषन कही।
जेहि बिधि जनकसुता तहं रही॥
तब हनुमंत कहा सुनु भ्राता।

देखी चहउं जानकी माता॥2॥
जुगुति बिभीषन सकल सुनाई।
चलेउ पवनसुत बिदा कराई॥
करि सोइ रूप गयउ पुनि तहवां।
बन असोक सीता रह जहवां॥3॥
देखि मनहि महुं कीन्ह प्रनामा।
बैठेहिं बीति जात निसि जामा॥
कृस तनु सीस जटा एक बेनी।
जपति हृदयं रघुपति गुन श्रेनी॥4॥

भावार्थ–जो व्यक्ति यह सब जानते हुए भी ऐसे स्वामी को विस्मृत करके भटकते फिरते हैं, वे दुःखी क्यों न हों? इस प्रकार श्रीराम के गुणों का वर्णन करते हुए उन्होंने अनिर्वचनीय शांति प्राप्त की। इसके बाद विभीषण ने हनुमानजी को श्री जानकीजी के बारे में बताया कि वे लंका में किस प्रकार से रहती हैं। यह सुनकर हनुमानजी ने कहा, हे भाई, मैं जानकी माता के दर्शन करना चाहता हूं। विभीषण ने जानकी माता के दर्शन की सभी युक्तियां बताईं तो हनुमानजी ने उनसे विदा लेकर अपना पहले वाला मच्छर जैसा रूप धारण करके उस ओर प्रस्थान

किया, जहां अशोक वाटिका में सीताजी राक्षसियों के पहरे में रहती थीं। सीताजी के दर्शन करके हनुमानजी ने उन्हें मन-ही-मन प्रणाम किया। रात्रि के चारों पहर वे शोकमग्न बैठी ही रहती हैं। उनका शरीर बहुत दुर्बल हो गया है और उनके सिर पर जटाओं की एक वेणी है। वे लगातार श्री रघुनाथजी के गुणों का हृदय में जाप करती रहती हैं। (1-4)

दोहा

निज पद नयन दिएं मन राम पद कमल लीन।
परम दुखी भा पवनसुत देखि जानकी दीन॥8॥

भावार्थ—माता जानकी अपने चरणों की ओर देख रही हैं और उनका मन श्रीराम के चरण-कमलों में लीन है। जानकीजी को इस प्रकार दुःखी देखकर पवनपुत्र हनुमानजी अत्यंत दुःखी हुए। (8)

चौपाई

तरु पल्लव महुं रहा लुकाई।
करइ बिचार करौं का भाई॥
तेहि अवसर रावनु तहं आवा।
संग नारि बहु किएं बनावा॥1॥
बहु बिधि खल सीतहि समुझावा।
साम दान भय भेद देखावा॥
कह रावनु सुनु सुमुखि सयानी।
मंदोदरी आदि सब रानी॥2॥
तव अनुचरीं करउं पन मोरा।
एक बार बिलोकु मम ओरा॥
तृन धरि ओट कहति बैदेही।
सुमिरि अवधपति परम सनेही॥3॥
सुनु दसमुख खद्योत प्रकासा।
कबहुं कि नलिनी करइ बिकासा॥
अस मन समुझु कहति जानकी।
खल सुधि नहिं रघुबीर बान की॥4॥

सठ सूनें हरि आनेहि मोहि।
अधम निलज्ज लाज नहिं तोही॥5॥

भावार्थ—हनुमानजी वृक्ष के पत्तों में छिपते हुए विचार करने लगे कि इनका दुःख कैसे दूर करूं? उसी समय बहुत-सी स्त्रियों को साथ लेकर सज-धज के साथ रावण ने वहां प्रवेश किया। दुष्ट रावण ने सीताजी को साम, दान, भय और भेद दिखाकर अनेक प्रकार से समझाया। रावण ने कहा, हे सुमुखि! हे बुद्धिमान! सुनो! मंदोदरी आदि सब रानियों को मैं तुम्हारी दासी बना दूंगा, मैं ऐसा प्रण करता हूं। तुम एक बार मेरी ओर प्रेम से देखो तो सही! अपने परम स्नेही कोसलाधीश श्री रामचंद्रजी का स्मरण करते हुए जानकीजी तिनके की ओट से कहने लगीं, हे दशमुख! जुगनू के प्रकाश से क्या कभी कमलिनी खिल सकती है? तू अपने लिए भी ऐसा ही समझ ले। दुष्ट! तुझे श्री रघुवीर के घातक बाण की खबर नहीं है। पापी! तू मुझे अकेली और निर्बल जानकर हर लाया है। अधम! निर्लज्ज! तुझे लज्जा नहीं आती? (1-5)

दोहा

आपुहि सुनि खद्योत सम रामहि भानु समान।
परुष बचन सुनि काढ़ि असि बोला अति
खिसिआन॥9॥

भावार्थ—सीताजी के मुख से स्वयं को जुगनू और श्रीराम को सूर्य के समान कठोर वचन सुनकर रावण म्यान से तलवार निकालकर क्रोध से बोला। (9)

चौपाई

सीता तैं मम कृत अपमाना।
कटिहउं तव सिर कठिन कृपाना॥
नाहिं त सपदि मानु मम बानी।
सुमुखि होति न त जीवन हानी॥1॥
स्याम सरोज दाम सम सुंदर।

प्रभु भुज करि कर सम दसकंधर॥

सो भुज कंठ कि तव असि घोरा।

सुनु सठ अस प्रवान पन मोरा॥2॥

चंद्रहास हरु मम परितापं।

रघुपति बिरह अनल संजातं॥

सीतल निसित बहसि बर धारा।

कह सीता हरु मम दुख भारा॥3॥

सुनत बचन पुनि मारन धावा।

मयतनयां कहि नीति बुझावा॥

कहेसि सकल निसिचरिन्ह बोलाई।

सीतहि बहु बिधि त्रासहु जाई॥4॥

मास दिवस महुं कहा न माना।

तौ मैं मारबि काढ़ि कृपाना॥5॥

भावार्थ—सीता! तूने मेरा अपमान किया है। मैं कृपाण से तेरा मस्तक काट डालूंगा। शीघ्रता से मेरी बात मान ले, नहीं तो हे सुमुखि! तुझे जीवन से हाथ धोना पड़ेगा! सीताजी ने कहा, हे दशग्रीव! प्रभु की भुजा जो श्याम कमल की माला की भांति सुंदर और हाथी की सूंड के

समान विशाल तथा शक्तिशाली है, वह भुजा ही मेरे कंठ में पड़ेगी या तेरी भयानक तलवार। रे मूर्ख! सुन, यह मेरी दृढ़ प्रतिज्ञा है। सीताजी रावण की तलवार से कहती हैं, हे चंद्रहास! श्री रघुनाथजी के विरह की अग्नि से उत्पन्न मेरी भयंकर जलन का तू हरण कर ले। तू शीतल, तीव्र और श्रेष्ठ धारा बहाने वाली है। तू ही मेरे दुःख के बोझ का हरण कर ले। सीताजी के वचन सुनते ही रावण उन्हें मारने के लिए दौड़ा, तब मय दानव की पुत्री अर्थात् रावण की पत्नी महारानी मंदोदरी ने उसे नीति की बात समझाई। मंदोदरी की बात सुनकर रावण ने सब दासियों से कहा कि सीता को विभिन्न प्रकार से भयभीत करो। यदि यह महीने-भर में मेरी आज्ञा का पालन न करेगी तो मैं इसे तलवार से मार डालूंगा। (1-5)

दोहा

भवन गयउ दसकंधर इहां पिसाचिनि बृंद।
सीतहि त्रास देखावहि धरहिं रूप बहु मंद॥10॥

भावार्थ–ऐसा कहकर रावण वहां से चला गया। इसके बाद राक्षसियों के समूह विभिन्न प्रकार के भयंकर रूप धारण करके सीताजी को भयभीत करने लगे। (10)

चौपाई

त्रिजटा नाम राच्छसी एका।

राम चरन रति निपुन बिबेका॥

सबन्हौ बोलि सुनायसि सपना।

सीतहि सेइ करहु हित अपना॥1॥

सपनें बानर लंका जारी।

जातुधान सेना सब मारी॥

खर आरूढ़ नगन दससीसा।

मुंडित सिर खंडित भुज बीसा॥2॥

एहि बिधि सो दच्छिन दिसि जाई।

लंका मनहुं बिभीषन पाई॥

नगर फिरी रघुबीर दोहाई।

तब प्रभु सीता बोलि पठाई॥3॥

यह सपना मैं कहउं पुकारी।

होइहि सत्य गएं दिन चारी॥
तासु बचन सुनि ते सब डरीं।
जनकसुता के चरनन्हि परीं॥4॥

भावार्थ—राक्षसियों के समूह में त्रिजटा नाम की एक
राक्षसी थी। उसकी श्रीराम के चरणों में प्रीति थी और
वह विवेक में निपुण थी। उसने सभी राक्षसियों को
बुलाकर अपना स्वप्न सुनाते हुए कहा, हमें सीताजी की
सेवा करके अपना कल्याण कर लेना चाहिए। मैंने स्वप्न
में देखा कि एक वानर ने लंका जला दी। राक्षसों की
समस्त सेना मार डाली गई। रावण नग्नावस्था में गधे पर
सवार है। उसके दसों शीश मुंडे हुए हैं और बीसों भुजाएं
कटी हुई हैं। वह दक्षिण दिशा यमपुरी की ओर जा रहा
है और मानो लंका विभीषण को प्राप्त हो गई है। नगर
में श्रीराम की दुहाई दी जा रही है। इसके बाद प्रभु ने
सीताजी को बुला भेजा। मैं निश्चयपूर्वक कहती हूं कि
यह स्वप्न कुछ ही दिनों में सत्य होगा। त्रिजटा की बात
सुनकर सभी राक्षसियां भयभीत हो गईं और सीताजी के
चरणों पर गिर पड़ीं। (1–4)

दोहा

जहं तहं गईं सकल तब सीता कर मन सोच।
मास दिवस बीतें मोहि मारिहि निसिचर पोच॥11॥

भावार्थ–इसके बाद वे सभी इधर-उधर चली गईं।
सीताजी सोचने लगीं कि एक मास का समय बीत जाने
पर नीच राक्षस रावण आकर मुझे मार डालेगा। (11)

चौपाई

त्रिजटा सन बोली कर जोरी।
मातु बिपति संगिनि तैं मोरी॥
तजौं देह करु बेगि उपाई।
दुसहु बिरहु अब नहिं सहि जाई॥1॥
आनि काठ रचु चिता बनाई।
मातु अनल पुनि देहि लगाई॥
सत्य करहि मम प्रीति सयानी।

सुनै को श्रवन सूल सम बानी॥2॥
सुनत बचन पद गहि समुझायसि।
प्रभु प्रताप बल सुजसु सुनायसि॥
निसि न अनल मिल सुनु सुकुमारी।
अस कहि सो निज भवन सिधारी॥3॥
कह सीता बिधि भा प्रतिकूला।
मिलहि न पावक मिटिहि न सूला॥
देखिअत प्रगट गगन अंगारा।
अवनि न आवत एकउ तारा॥4॥
पावकमय ससि स्रवत न आगी।
मानहुं मोहि जानि हतभागी॥
सुनहि बिनय मम बिटप असोका।
सत्य नाम करु हरु मम सोका॥5॥
नूतन किसलय अनल समाना।
देहि अगिनि जनि करहि निदाना॥
देखि परम बिरहाकुल सीता।
सो छन कपिहि कलप सम बीता॥6॥

भावार्थ–सीताजी करबद्ध होकर त्रिजटा से बोलीं, हे
माता! तू विपत्ति की मेरी संगिनी है। शीघ्र ही ऐसा कोई

उपाय कर दे, ताकि मैं शरीर का त्याग कर सकूं। अब विरह असह्य हो गया है और यह सहन नहीं होता। माता! लकड़ी लाकर चिता बना दे और उसमें अग्नि प्रज्वलित कर दे। हे बुद्धिमति! तू मेरी प्रीति को सत्य कर दे। अब रावण की शूल के समान दु:खदायी वाणी मुझसे नहीं सुनी जाती। सीताजी की बात सुनकर त्रिजटा ने उनके चरण पकड़ लिये और उन्हें समझाते हुए प्रभु श्रीराम का प्रताप, बल और सुयश सुनाया। त्रिजटा ने सीताजी से कहा, हे सुकुमारी! अब रात्रि में अग्नि नहीं मिलेगी। ऐसा कहकर त्रिजटा अपने घर चली गई। सीताजी मन में कहने लगीं–'अब मैं क्या करूं, जब विधाता ही विपरीत हो गया? न अग्नि मिलेगी और न ही मेरी पीड़ा मिटेगी। आकाश में अंगारे (तारे) प्रकट हो रहे हैं, पर पृथ्वी पर एक भी तारा नहीं आता। चंद्रमा अग्निमय प्रतीत होता है, किंतु वह भी मुझ हतभागिनी पर नहीं बरसाता। हे अशोक वृक्ष! तुम ही मेरी विनती सुन लो, मेरे शोक का हरण कर लो और अपने नाम अशोक को सत्य सिद्ध कर दो। तुम्हारे नए-नए कोमल पत्ते अग्नि के ही समान प्रतीत होते हैं। मुझे यही अग्नि प्रदान करके मेरे विरह रोग का अंत कर दो।' सीताजी को विरह से अत्यंत

व्याकुल देखकर वह क्षण हनुमानजी को कल्प के समान प्रतीत हो रहा था। (1-6)

सोरठा

कपि करि हृदयं बिचार दीन्हि मुद्रिका डारी तब।
जनु असोक अंगार दीन्हि हरषि उठि कर गहेउ॥12॥

भावार्थ–हनुमानजी ने हृदय में विचार करते हुए सीताजी के सामने अंगूठी डाल दी। सीताजी ने यह जानकर कि अशोक ने अंगारा दे दिया, तो हर्षित होकर उसे हाथ में उठा लिया। (12)

चौपाई

तब देखी मुद्रिका मनोहर।
राम नाम अंकित अति सुंदर॥
चकित चितव मुदरी पहिचानी।

हरष बिषाद हृदयं अकुलानी॥1॥
जीति को सकइ अजय रघुराई।
माया तें असि रचि नहिं जाई॥
सीता मन बिचार कर नाना।
मधुर बचन बोलेउ हनुमाना॥2॥
रामचंद्र गुन बरनैं लागा।
सुनतहिं सीता कर दुख भागा॥
लागीं सुनैं श्रवन मन लाई।
आदिहु तें सब कथा सुनाई॥3॥
श्रवनामृत जेहिं कथा सुहाई।
कहि सो प्रगट होति किन भाई॥
तब हनुमंत निकट चलि गयऊ।
फिरि बैंठीं मन बिसमय भयऊ॥4॥
राम दूत मैं मातु जानकी।
सत्य सपथ करुनानिधान की॥
यह मुद्रिका मातु मैं आनी।
दीन्हि राम तुम्ह कहं सहिदानी॥5॥
नर बानरहि संग कहु कैसें।
कहि कथा भइ संगति जैसें॥6॥

भावार्थ—सीताजी ने राम-नाम से अंकित अत्यंत सुंदर एवं मनोहर अंगूठी देखी और उसे पहचानकर सीताजी आश्चर्यचकित हो उठीं। उनका हृदय हर्ष तथा विषाद से व्याकुल होने लगा। वे मन में विचार करने लगीं–'श्री रघुनाथजी तो सर्वथा अजेय हैं, उन्हें कोई नहीं जीत सकता और माया से ऐसी दिव्य अंगूठी नहीं बनाई जा सकती।' सीताजी इसी प्रकार विचार कर रही थीं कि तभी हनुमानजी मधुर वाणी से प्रभु श्रीराम के गुणों का वर्णन करने लगे। इस मधुर वाणी को सुनकर सीताजी का दुःख दूर हो गया। वे मन लगाकर सुनने लगीं। हनुमानजी ने आदि से लेकर अब तक की संपूर्ण कथा कह सुनाई। सीताजी बोलीं, जिसने यह सुंदर कथा कही है, वह प्रकट क्यों नहीं होता? यह सुनकर हनुमानजी सीताजी के पास चले गए। उन्हें देखकर सीताजी मुख फेरकर बैठ गईं? उन्हें बड़ा आश्चर्य हुआ। हनुमानजी बोले, हे माता जानकी! मैं प्रभु श्रीराम का दूत हूं। मैं करुणानिधान की सच्ची शपथ खाकर कहता हूं, हे माता! यह अंगूठी मैं ही लाया हूं। प्रभु ने मुझे आपके लिए पहचान हेतु यह निशानी दी है। सीताजी ने पूछा, बताइए कि नर और वानर का संग कैसे हुआ? हनुमानजी ने जैसे संग हुआ था, वह समस्त कथा कह सुनाई। (1-6)

दोहा

कपि के बचन सप्रेम सुनि उपजा मन बिस्वास॥
जाना मन क्रम बचन यह कृपासिंधु कर दास॥13॥

भावार्थ–हनुमानजी के प्रेम से परिपूर्ण वचन सुनकर सीताजी के मन में विश्वास हो गया कि यह मन, वचन और कर्म से कृपासागर श्रीराम का दास है। (13)

चौपाई

हरिजन जानि प्रीति अति गाढ़ी।
सजल नयन पुलकावलि बाढ़ी॥
बूड़त बिरह जलधि हनुमाना।
भयउ तात मो कहुं जल जाना॥1॥

अब कहु कुसल जाउं बलिहारी।
अनुज सहित सुख भवन खरारी॥
कोमलचित कृपाल रघुराई।

कपि केहि हेतु धरी निठुराई॥2॥

सहज बानि सेवक सुख दायक

कबहुंक सुरति करत रघुनायक।

कबहुं नयन मम सीतल ताता।

होइहहिं निरखि स्याम मृदु गाता॥3॥

बचनु न आव नयन भरे बारी।

अहह नाथ हौं निपट बिसारी॥

देखि परम बिरहाकुल सीता।

बोला कपि मृदु बचन बिनीता॥4॥

मातु कुसल प्रभु अनुज समेता।

तव दुख दुखी सुकृपा निकेता॥

जनि जननी मानहु जियं ऊना।

तुम्ह ते प्रेमु राम कें दूना॥5॥

भावार्थ—भगवान का सेवक जानकर सीताजी को उनसे गहन प्रीति हो गई। उनके नेत्रों में प्रसन्नता के आंसू भर आए। वे अत्यंत पुलकित होकर बोलीं, हे तात हनुमान! मैं विरहसागर में डूब रही थी। तुम मेरे लिए जहाज बनकर आए। मैं तुम पर बलिहारी जाती हूं, अब अनुज लक्ष्मणजी सहित खर के शत्रु सुखधाम प्रभुजी का कुशल-मंगल

कहो। श्री रघुनाथजी तो कोमल हृदय और कृपालु हैं, फिर उन्होंने निष्ठुरता क्यों धारण कर ली है? सेवक को सुख प्रदान करना प्रभुजी की स्वाभाविक प्रकृति है। क्या प्रभुजी कभी मेरी भी याद करते हैं? हे तात! क्या कभी उनके सुकोमल सांवले अंगों को देखकर नेत्रों को शीतलता प्राप्त होगी? इसके बाद सीताजी के मुख से स्वर नहीं निकलता और नेत्रों में आंसुओं का जल भर आया। वे विरह से व्याकुल होकर बोलीं, हा नाथ! आपने मुझे बिलकुल ही बिसरा दिया! सीताजी को विरह से व्याकुल देखकर हनुमानजी कोमल और विनीत स्वर में बोले, हे माता! प्रभु श्रीराम अनुज लक्ष्मणजी सहित सकुशल हैं, परंतु आपके दुःख से व्याकुल हैं। हे माता! मन को छोटा न कीजिए। श्रीरामजी के हृदय में आपसे दुगना प्रेम है। (1-5)

दोहा

रघुपति कर संदेसु अब सुनु जननी धरि धीर।
अस कहि कपि गदगद भयउ भरे बिलोचन नीर॥14॥

भावार्थ–हे माता! अब धैर्यपूर्वक श्री रघुनाथजी का संदेश सुनिए। ऐसा कहते हुए हनुमानजी प्रेम से गद्गद हो गए। उनकी आंखों में प्रेमाश्रुओं का जल भर आया। (14)

चौपाई

कहेउ राम बियोग तव सीता।
मो कहुं सकल भए बिपरीता॥
नव तरु किसलय मनहुं कृसानू।
काल निसा सम निसि ससि भानू॥1॥
कुबलय बिपिन कुंत बन सरिसा।
बारिद तपत तेल जनु बरिसा॥
जे हित रहे करत तेइ पीरा।
उरग स्वास सम त्रिबिध समीरा॥2॥
कहेहू तें कछु दुख घटि होई।
काहि कहौं यह जान न कोई॥
तत्व प्रेम कर मम अरु तोरा।
जानत प्रिया एकु मनु मोरा॥3॥
सो मनु सदा रहत तोहि पाहीं।

जानु प्रीति रसु एतेनहि माहीं॥
प्रभु संदेसु सुनत बैदेही।
मगन प्रेम तन सुधि नहिं तेही॥4॥
कह कपि हृदयं धीर धरु माता।
सुमिरु राम सेवक सुखदाता॥
उर आनहु रघुपति प्रभुताई।
सुनि मम बचन तजहु कदराई॥5॥

भावार्थ—हनुमानजी बोले, श्रीरामजी ने कहा है कि हे
सीते! तुम्हारे वियोग में मेरे लिए सभी पदार्थ प्रतिकूल
हो गए हैं। वृक्षों के नए प्रस्फुटित कोमल पत्ते अग्नि के
समान, रात्रि कालरात्रि के समान, चंद्रमा सूर्य के समान
और कमलों के वन भालों के वन के समान हो गए हैं।
मेघ मानो जलता हुआ तेल बरसाते हैं। जो तत्त्व हित करने
वाले थे, वे ही अब पीड़ा देने लगे हैं। त्रिविध (शीतल,
मंद, सुगंध) वायु सर्प की श्वास के समान उष्ण और
विषैली हो गई। मन का शोक कह देने से भी कुछ
कम हो जाता है, पर किससे कहूं? यह शोक कोई नहीं
जानता। हे प्रिये! मेरे और तुम्हारे प्रेम का तत्त्व केवल
मेरा मन ही जानता है और वह सदैव तुम्हारे ही पास

रहता है। मेरे प्रेम का सार इतने से ही समझ लेना। प्रभु
का संदेश सुनते ही जानकीजी प्रेम में मग्न हो गईं। उन्हें
अपने तन की कोई सुधि न रही। हनुमानजी ने पुन: कहा,
हे माता! हृदय में धैर्य को स्थान दो। सेवकों को सुख
देने वाले श्रीरामजी का मन में स्मरण करके श्रीरामजी
की प्रभुता को हृदय में लाओ और कायरता का त्याग
कर दो। (1–5)

दोहा

निसिचर निकर पतंग सम रघुपति बान कृसानु।
जननी हृदयं धीर धरु जरे निसाचर जानु॥15॥

भावार्थ–राक्षसों के समूह कीट-पतंगों के समान और
श्रीरामजी के बाण अग्नि के समान हैं। अत: हे माता!
अपने हृदय में धैर्य धारण करो और राक्षसों को जला ही
समझो। (15)

चौपाई

जौं रघुबीर होति सुधि पाई।
करते नहिं बिलंबु रघुराई॥
रामबान रबि उएं जानकी।
तम बरूथ कहं जातुधान की॥1॥
अबहिं मातु मैं जाउं लवाई।
प्रभु आयसु नहिं राम दोहाई॥
कछुक दिवस जननी धरु धीरा।
कपिन्ह सहित अइहहिं रघुबीरा॥2॥
निसिचर मारि तोहि लै जैहहिं।
तिहुं पुर नारदादि जसु गैहहिं॥
हैं सुत कपि सब तुम्हहि समाना।
जातुधान अति भट बलवाना॥3॥
मोरें हृदय परम संदेहा।
सुनि कपि प्रगट कीन्ह निज देहा॥
कनक भूधराकार सरीरा।
समर भयंकर अतिबल बीरा॥4॥

सीता मन भरोस तब भयऊ।
पुनि लघु रूप पवनसुत लयऊ॥5॥

भावार्थ—श्रीरामजी ने यदि खबर पाई होती तो वे कदापि विलंब न करते। रामबाण रूपी सूर्य के उदय हो जाने पर राक्षसों की सेना रूपी अंधकार भला कहां रह सकता है? हे माता! मैं आपको अभी यहां से ले जाऊं, पर श्रीरामजी की मुझे आज्ञा नहीं है। अत: आप कुछ दिन और धीरज धरें। श्रीरामजी वानरों सहित शीघ्र ही यहां आएंगे। वे राक्षसों का संहार करके आपको ले जाएंगे और नारद आदि ऋषिगण त्रिलोकों में उनका यशगान करेंगे। हनुमानजी की बात सुनकर सीताजी बोली, पुत्र! सब वानर तुम्हारे ही समान नन्हें-नन्हें होंगे, राक्षस तो बड़े बलवान और योद्धा हैं। मेरे हृदय में गहरा संदेह होता है कि तुम जैसे नन्हें वानर बलवान राक्षसों को कैसे जीतेंगे? यह सुनकर हनुमानजी ने अपना स्वरूप स्वर्णिम सुमेरु के आकार का अत्यंत विशाल बनाकर सीताजी के सम्मुख प्रकट किया, जो युद्ध में शत्रुओं के हृदय को भयभीत करने वाला, बलवान और अत्यंत वीर था। यह देखकर सीताजी के मन में विश्वास हुआ। हनुमानजी

ने फिर अपना स्वरूप छोटा कर लिया और सीताजी से बोले। (1-5)

दोहा

सुनु माता साखामृग नहिं बल बुद्धि बिसाल।
प्रभु प्रताप तें गरुड़हि खाइ परम लघु ब्याल॥16॥

भावार्थ—सुनो, हे माता! यद्यपि वानरों में अधिक बल-बुद्धि नहीं होती, तथापि प्रभु के प्रताप से बहुत छोटा सर्प भी गरुड़ का भक्षण कर सकता है। (16)

चौपाई

मन संतोष सुनत कपि बानी।
भगति प्रताप तेज बल सानी॥
आसिष दीन्हि रामप्रिय जाना।
होहु तात बल सील निधाना॥1॥

अजर अमर गुननिधि सुत होहू।
करहुं बहुत रघुनायक छोहू॥
करहुं कृपा प्रभु अस सुनि काना।
निर्भर प्रेम मगन हनुमाना॥2॥
बार बार नायसि पद सीसा।
बोला बचन जोरि कर कीसा॥
अब कृतकृत्य भयउं मैं माता।
आसिष तव अमोघ बिख्याता॥3॥
सुनहु मातु मोहि अतिसय भूखा।
लागि देखि सुंदर फल रूखा॥
सुनु सुत करहिं बिपिन रखवारी।
परम सुभट रजनीचर भारी॥4॥
तिन्ह कर भय माता मोहि नाहीं।
जौं तुम्ह सुख मानहु मन माहीं॥5॥

भावार्थ–भक्ति, प्रताप, तेज और बल से परिपूर्ण हनुमानजी की वाणी सुनकर सीताजी को बड़ा संतोष हुआ। उन्होंने हनुमानजी को श्रीरामजी के अतिप्रिय जानकर आशीर्वाद दिया, हे तात! तुम बल और शील से परिपूर्ण होओ। तुम अजर, अमर और गुणों का भंडार होओ। प्रभु श्रीरामजी

तुम पर अति कृपा करें। सीताजी के आशीष भरे वचन सुनते ही हनुमानजी पूर्णतया प्रेम में मग्न हो गए और उन्होंने बार-बार सीताजी के चरणों में शीश नवाया और फिर करबद्ध होकर बोले, हे माता! आपका आशीष पाकर मैं कृतार्थ हो गया। यह विख्यात है कि आपका आशीष अमोघ है। हे माता! सुंदर फल वाले वृक्षों को देखकर मुझे बड़ी भूख लग आई है। सीताजी ने कहा, हे बेटा! इस उपवन की रखवाली बड़े योद्धा राक्षस करते हैं। हनुमानजी बोले, माता! यदि आप प्रसन्न होकर आज्ञा दें तो मुझे राक्षसों का कोई भय नहीं है। (1–5)

दोहा

देखि बुद्धि बल निपुन कपि कहेउ जानकीं जाहु।
रघुपति चरन हृदयं धरि तात मधुर फल खाहु॥17॥

भावार्थ–हनुमानजी को बल-बुद्धि में निपुण देखकर सीताजी ने कहा, तात! प्रभु श्रीरामजी के चरणों का हृदय में स्मरण करते हुए मधुर और स्वादिष्ट फल खाओ। (17)

चौपाई

चलेउ नाइ सिरु पैठेउ बागा।
फल खायसि तरु तोरैं लागा॥
रहे तहां बहु भट रखवारे।
कछु मारेसि कछु जाइ पुकारे॥1॥

नाथ एक आवा कपि भारी।
तेहिं असोक बाटिका उजारी॥
खायसि फल अरु बिटप उपारे।
रच्छक मर्दि मर्दि महि डारे॥2॥

सुनि रावन पठए भट नाना।
तिन्हहि देखि गर्जेउ हनुमाना॥
सब रजनीचर कपि संघारे।
गए पुकारत कछु अधमारे॥3॥

पुनि पठयउ तेहिं अच्छकुमारा।
चला संग लै सुभट अपारा॥
आवत देखि बिटप गहि तर्जा।
ताहि निपाति महाधुनि गर्जा॥4॥

भावार्थ–हनुमानजी सीताजी को शीश नवाकर उपवन में जा घुसे। इच्छानुसार फल खाकर वे वृक्षों को तोड़ने लगे। रखवाली करने वाले राक्षसों ने उन्हें रोका तो उन्होंने उनमें से कुछ को मार डाला और कुछ ने जाकर रावण से रक्षा की पुकार की–राक्षसों ने रावण से कहा, हे नाथ! एक शक्तिशाली वानर ने आकर अशोक वाटिका उजाड़ डाली। फल खाकर वृक्षों को उखाड़ डाला और रखवालों को मसल-मसलकर जमीन पर डाल दिया। यह सुनकर रावण ने बहुत से योद्धा अशोक वाटिका में भेजे। उन्हें देखकर हनुमानजी ने गर्जना करते हुए कुछ राक्षसों को मार डाला, जबकि कुछ चिल्लाते हुए दरबार में भागे। रावण ने अब अक्षयकुमार को भेजा। वह असंख्य शक्तिशाली योद्धाओं को साथ लेकर अशोक वाटिका आया। उसे देखकर हनुमानजी ने एक वृक्ष उठाकर ललकारा और उसका संहार करके तीव्रतम गर्जना की। (1-4)

दोहा

꧁꧂

कछु मारेसि कछु मर्देसि कछु मिलयसि धरि धूरि।
कछु पुनि जाइ पुकारे प्रभु मर्कट बल भूरि॥18॥

भावार्थ—हनुमानजी ने उनमें से कुछ राक्षसों को मार
डाला, कुछ को मसल डाला और कुछ को धूल में मिला
दिया। कुछ राक्षसों ने वहां से भागकर फिर दरबार में
जाकर रावण से पुकार की कि महाराज, वानर बहुत ही
बलवान है। (18)

चौपाई

꧁꧂

सुनि सुत बध लंकेस रिसाना।
पठएसि मेघनाद बलवाना॥
मारसि जनि सुत बांधेसु ताही।
देखिअ कपिहि कहां कर आही॥1॥
चला इंद्रजित अतुलित जोधा।

बंधु निधन सुनि उपजा क्रोधा॥
कपि देखा दारुन भट आवा।
कटकटाइ गर्जा अरु धावा॥2॥
अति बिसाल तरु एक उपारा।
बिरथ कीन्ह लंकेस कुमारा॥
रहे महाभट ताके संगा।
गहि गहि कपि मर्दइ निज अंगा॥3॥
तिन्हहि निपाति ताहि सन बाजा।
भिरे जुगल मानहुं गजराजा।
मुठिका मारि चढ़ा तरु जाई।
ताहि एक छन मुरुछा आई॥4॥
उठि बहोरि कीन्हिसि बहु माया।
जीति न जाइ प्रभंजन जाया॥5॥

भावार्थ–पुत्र अक्षय कुमार के वध की बात सुनकर रावण क्रोधित हो उठा और उसने अपने बलवान ज्येष्ठ पुत्र मेघनाद को अशोक वाटिका जाने की आज्ञा देते हुए कहा, पुत्र! उस वानर को मारना नहीं, बांधकर यहां लाना। देखें कि कहां से आया है। इंद्रजित मेघनाद अतुलनीय योद्धा था। अपने भाई के मारे जाने के कारण वह क्रोधित

हो रहा था। हनुमानजी ने देखा कि इस बार भयानक योद्धा आया है तो वे दांत किट-किटाकर गरजते हुए उसकी ओर दौड़े। उन्होंने एक बहुत बड़े वृक्ष को उखाड़कर उसके प्रहार से रावण के पुत्र मेघनाद को रथविहीन कर दिया। उसके साथ जो शक्तिशाली योद्धा थे, हनुमानजी ने उन्हें पकड़कर मसल डाला। इसके बाद वे मेघनाद से लड़ने लगे। ऐसा प्रतीत होता था मानो दो गजराज लड़ रहे हों। हनुमानजी मेघनाद को एक जोरदार घूंसा जमाकर वृक्ष पर जा चढ़े तो क्षण-भर के लिए उसे मूर्च्छा आ गई। पुनः सचेत होकर मेघनाद ने बहुत माया रची, परंतु वह पवन-पुत्र हनुमान को जीत न सका। (1-5)

दोहा

ब्रह्म अस्त्र तेहिं सांधा कपि मन कीन्ह बिचार।
जौं न ब्रह्मसर मानउं महिमा मिटइ अपार॥19॥

भावार्थ–अंत में मेघनाद ने ब्रह्मास्त्र का प्रयोग किया। हनुमानजी ने मन में विचार किया कि यदि ब्रह्मास्त्र को

व्यर्थ कर देता हूं तो उसकी अपार महिमा समाप्त हो जाएगी। (19)

चौपाई

ब्रह्मबान कपि कहुं तेहि मारा।
परतिहुं बार कटकु संघारा॥
तेहि देखा कपि मुरुछित भयऊ।
नागपास बांधेसि लै गयऊ॥1॥
जासु नाम जपि सुनहु भवानी।
भव बंधन काटहिं नर ग्यानी॥
तासु दूत कि बंध तरु आवा।
प्रभु कारज लगि कपिहिं बंधावा॥2॥
कपि बंधन सुनि निसिचर धाए।
कौतुक लागि सभां सब आए॥
दसमुख सभा दीखि कपि जाई।
कहि न जाइ कछु अति प्रभुताई॥3॥
कर जोरें सुर दिसिप बिनीता।
भृकुटि बिलोकत सकल सभीता॥

देखि प्रताप न कपि मन संका।
जिमि अहिगन महुं गरुड़ असंका॥4॥

भावार्थ—हनुमानजी मेघनाद द्वारा चलाए गए ब्रह्मास्त्र को सम्मान देते हुए बाण लगते ही वृक्ष से नीचे गिर पड़े। उन्होंने गिरते समय भी बहुत-सी राक्षसी सेना मार डाली। जब मेघनाद ने देखा कि हनुमानजी मूर्च्छित हो गए हैं, तब वह उन्हें नागपाश से बांधकर दरबार में ले गया। शिवजी पार्वतीजी से श्रीराम कथा का वर्णन करते हुए कहते हैं, हे भवानी! जिनका नाम जपकर ज्ञानी मनुष्य संसार के बंधन को काट डालते हैं, भला उनका दूत किस प्रकार बंधन में आ सकता है? केवल प्रभु के कार्य के लिए हनुमानजी ने स्वयं को बंधवा लिया। वानरों को बंधन में बंधा हुआ सुनकर राक्षस कौतुक के लिए सभा में दौड़े हुए आए। हनुमानजी ने रावण की सभा में जाकर उसका ऐसा वैभवशाली ऐश्वर्य देखा, जो अवर्णनीय है। देवगण और दिग्पाल करबद्ध होकर विनम्रता के साथ भयभीत दशा में रावण के सम्मुख खड़े हुए हैं और उसकी भृकुटि की ओर देख रहे हैं। उसका ऐसा ऐश्वर्य देखने के पश्चात् भी हनुमानजी के मन में नाम-मात्र को

भी भय नहीं हुआ। वे इस प्रकार निःशंक खड़े रहे, जैसे सर्पों के विशाल समूह में गरुड़ निःशंक रहते हैं। (1-4)

दोहा

कपिहि बिलोकि दसानन बिहसा कहि दुर्बाद।
सुत बध सुरति कीन्हि पुनि उपजा हृदयं बिषाद॥20॥

भावार्थ—हनुमानजी को देखकर रावण दुर्वचन कहते हुए खूब हंसा, लेकिन जब उसने पुत्र-वध का स्मरण किया तो उसके हृदय में गहन विषाद उत्पन्न हो गया। (20)

चौपाई

कह लंकेस कवन तैं कीसा।
केहि कें बल घालेहि बन खीसा॥
की धौं श्रवन सुनेहि नहिं मोही।
देखउं अति असंक सठ तोही॥1॥

मारे निसिचर केहिं अपराधा।

कहु सठ तोहि न प्रान कइ बाधा॥

सुन रावन ब्रह्मांड निकाया।

पाइ जासु बल बिरचति माया॥2॥

जाकें बल बिरंचि हरि ईसा।

पालत सृजत हरत दससीसा।

जा बल सीस धरत सहसानन।

अंडकोस समेत गिरि कानन॥3॥

धरइ जो बिबिध देह सुरत्राता।

तुम्ह ते सठन्ह सिखावनु दाता।

हर कोदंड कठिन जेहि भंजा।

तेहि समेत नृप दल मद गंजा॥4॥

खर दूषन त्रिसिरा अरु बाली।

बधे सकल अतुलित बलसाली॥5॥

भावार्थ—रावण ने गरजकर कहा, रे वानर! तू कौन है और किसके बल पर तूने उपवन को उजाड़कर नष्ट कर डाला? क्या तूने कभी मेरा नाम और यश अपने कानों से नहीं सुना? रे शठ! मैं तुझे अत्यंत निर्भीक देख रहा हूं। तूने किस अपराध के कारण राक्षसों का वध किया?

रे मूर्ख! क्या तुझे अपनी मृत्यु का भी भय नहीं है? हनुमानजी ने निर्भय होकर कहा, हे रावण! ध्यान से सुन, जिनके बल से माया संपूर्ण ब्रह्मांड समूहों की रचना करती है, ब्रह्मा, विष्णु, महेश जिनके बल से सृष्टि का सृजन, पालन और संहार करते हैं, जिनके बल से सहस्रमुखी शेषजी पर्वत और वनसहित समस्त ब्रह्मांड को शीश पर धारण करते हैं, जो देवताओं की रक्षा हेतु अनेक देह धारण करते हैं और जो तुम्हारे जैसे मूर्खों को शिक्षा प्रदान करने वाले हैं, जिन्होंने शिवजी के कठोर धनुष को तोड़कर राजाओं के समूह का अहंकार समाप्त कर दिया। जिन्होंने अतुलित बलवान खर, दूषण, त्रिशिरा और बालि का संहार किया। (1-5)

दोहा

जाके बल लवलेस तें जितेहु चराचर झारि।
तासु दूत मैं जा करि हरि आनेहु प्रिय नारि॥21॥

भावार्थ–जिनके लेशमात्र बल से तुमने इस चराचर जगत को जीता है और जिनकी प्रिय पत्नी का तुम अपहरण कर लाए, मैं उन्हीं प्रभु श्रीराम का दूत हूं। (21)

चौपाई

जानउं मैं तुम्हारि प्रभुताई।
सहसबाहु सन परी लराई॥
समर बालि सन करि जसु पावा।
सुनि कपि बचन बिहसि बिहरावा॥1॥
खायउं फल प्रभु लागी भूंखा।
कपि सुभाव तें तोरेउं रूखा॥
सब कें देह परम प्रिय स्वामी।
मारहिं मोहि कुमारग गामी॥2॥
जिन्ह मोहि मारा ते मैं मारे।
तेहि पर बांधेउं तनयं तुम्हारे॥
मोहि न कछु बांधे कइ लाजा।
कीन्ह चहउं निज प्रभु कर काजा॥3॥
बिनती करउं जोरि कर रावन।

सुनहु मान तजि मोर सिखावन॥
देखहु तुम्ह निज कुलहि बिचारी।
भ्रम तजि भजहु भगत भय हारी॥4॥
जाकें डर अति काल डेराई।
जो सुर असुर चराचर खाई॥
तासों बयरु कबहुं नहिं कीजै।
मोरे कहें जानकी दीजै॥5॥

भावार्थ–हे रावण! मैं तुम्हारी प्रभुता को भली-भांति जानता हूं–सहस्रबाहु से तुम्हारा युद्ध हुआ था, उसका परिणाम मुझे ज्ञात है और बालि से युद्ध करके तुमने जो यश प्राप्त किया था, उसे सारा जग जानता है! हनुमानजी की बात सुनकर रावण ने हंसते हुए मुद्दे का रुख दूसरी ओर मोड़ते हुए बात टाल दी। हनुमानजी बोले, हे राक्षसों के राजा! मुझे बहुत तेज भूख लगी थी, अतः मैंने फल खाए और अपने वानर स्वभाव के कारण वृक्षों को तोड़ डाला। अपना तन सबको परम प्रिय होता है। कुमार्गी राक्षस जब मुझे मारने लगे तो मैंने भी उनको मारा। इस पर तुम्हारा पुत्र मुझे बांधकर यहां ले आया, परंतु मुझे अपने बांधे जाने पर कोई लज्जा नहीं है, क्योंकि मैं तो

अपने प्रभु का कार्य करने के लिए यहां आया हूं। हे रावण! मैं तुमसे करबद्ध होकर विनती करता हूं कि तुम अभिमान त्यागकर मेरी बात सुनो–अपने पवित्र कुल का विचार करो और भ्रम त्यागकर भक्त भयहारी प्रभु श्रीराम का भजन करो। जो देवताओं, राक्षसों और समस्त चराचर का भक्षण कर जाता है, काल भी भयभीत रहता है, उनसे वैर न बढ़ाओ और मेरे कहने से सीताजी को लौटा दो। (1-5)

दोहा

प्रनतपाल रघुनायक करुना सिंधु खरारि।
गएं सरन प्रभु राखिहैं तव अपराध बिसारि॥22॥

भावार्थ–खर के शत्रु श्रीरामजी शरणागतों के रक्षक और दया के सागर हैं। शरणागत होने पर प्रभु तुम्हारा अपराध विस्मृत कर अपनी शरण में ले लेंगे। (22)

चौपाई

राम चरन पंकज उर धरहू।
लंका अचल राजु तुम्ह करहू॥
रिषि पुलस्ति जसु बिमल मंयका।
तेहि ससि महुं जनि होहु कलंका॥1॥
राम नाम बिनु गिरा न सोहा।
देखु बिचारि त्यागि मद मोहा॥
बसन हीन नहिं सोह सुरारी।
सब भूषण भूषित बर नारी॥2॥
राम बिमुख संपति प्रभुताई।
जाइ रही पाई बिनु पाई॥
सजल मूल जिन्ह सरितन्ह नाहीं।
बरषि गएं पुनि तबहिं सुखाहीं॥3॥
सुनु दसकंठ कहउं पन रोपी।
बिमुख राम त्राता नहिं कोपी॥
संकर सहस बिष्नु अज तोही।
सकहिं न राखि राम कर द्रोही॥4॥

भावार्थ—तुम श्रीरामजी के चरण-कमलों को हृदय में धारण करके निर्भय होकर लंका का अचल राज्य करो। ऋषि पुलस्त्यजी का यश निर्मल चंद्रमा के समान उज्जवल है, तुम उसमें कलंक का टीका न बनो। मद-मोह का त्याग कर विचार करो कि राम-नाम के बिना वाणी उसी प्रकार शोभा नहीं पाती, जिस प्रकार सभी आभूषणों से सज्जित सुंदर स्त्री भी कपड़ों के बिना शोभा नहीं पाती। श्रीराम से विमुख होने वाले मनुष्य की संपत्ति और प्रभुता प्राप्त होने के बाद भी शीघ्र ही नष्ट हो जाती है और उसका प्राप्त होना, उसी प्रकार न होने के समान है, जिस प्रकार जिन नदियों के मूल में कोई जलस्रोत नहीं होता, वे वर्षा के समाप्त हो जाने पर तुरंत ही सूख जाती हैं। सुनो हे रावण! मैं प्रतिज्ञापूर्वक कहता हूं कि श्रीरामजी से विमुख होने वाले प्राणी की रक्षा करने वाला ब्रह्मांड में कोई भी नहीं है। हजारों शंकर, विष्णु और ब्रह्मा आदि भी मिलकर श्रीरामजी से द्रोह करके तुम्हारी रक्षा नहीं कर सकते। (1-4)

दोहा

मोहमूल बहु सूल प्रद त्यागहु तम अभिमान।
भजहु राम रघुनायक कृपा सिंधु भगवान।।23।।

भावार्थ–मोह-मूल आदि बहुत पीड़ा देने वाले और अंधकार
के समान अभिमान को त्याग दो तथा रघुकुल के स्वामी,
कृपा के सागर श्रीरामजी का स्मरण करो। (23)

चौपाई

जदपि कहि कपि अति हित बानी।
भगति बिबेक बिरति नय सानी।।
बोला बिहसि महा अभिमानी।
मिला हमहि कपि गुर बड़ ग्यानी।।1।।
मृत्यु निकट आई खल तोही।
लागेसि अधम सिखावन मोही।।
उलटा होइहि कह हनुमाना।

मतिभ्रम तोर प्रगट मैं जाना॥2॥
सुनि कपि बचन बहुत खिसिआना।
बेगि न हरहु मूढ़ कर प्राना॥
सुनत निसाचर मारन धाए।
सचिवन्ह सहित बिभीषनु आए॥3॥
नाइ सीस करि बिनय बहूता।
नीति बिरोध न मारिअ दूता॥
आन दंड कछु करिअ गोसांई।
सबहीं कहा मंत्र भल भाई॥4॥
सुनत बिहसि बोला दसकंधर।
अंग भंग करि पठइअ बंदर॥5॥

भावार्थ–हनुमानजी ने यद्यपि भक्ति, ज्ञान, वैराग्य और नीति से परिपूर्ण हितकारी बात कही, तथापि अभिमानी रावण हंसकर बोला, हमें यह वानर ज्ञानी गुरु मिला है! रे दुष्ट! तेरी मृत्यु निकट आ गई है, जो तू मुझे शिक्षा देने चला है। हनुमानजी ने कहा, जो तुम कह रहे हो, उसके ठीक विपरीत ही होगा अर्थात् तुम्हारी मृत्यु निकट आई है, मेरी नहीं। मैंने प्रत्यक्ष जान लिया है कि तुम्हें मतिभ्रम होने लगा है। हनुमानजी की बात सुनकर रावण अत्यधिक

क्रोधित होकर राक्षसों से बोला, इस मूर्ख के प्राण शीघ्र ही हरण कर लो। रावण का आदेश सुनते ही राक्षस उन्हें मारने दौड़े ही थे कि तभी मंत्रियों के साथ विभीषणजी ने दरबार में प्रवेश किया। उन्होंने शीश झुकाकर विनयपूर्वक रावण से कहा कि दूत को नहीं मारना चाहिए, यह नीति विरुद्ध है। इसे कोई अन्य दंड दिया जाए। इस पर सबने कहा कि यह सलाह उत्तम है। यह सुनकर रावण हंसकर बोला, ठीक है, तब वानर का अंग-भंग करके इसे जाने दिया जाए। (1-5)

दोहा

कपि कें ममता पूंछ पर सबहि कहउं समुझाइ।
तेल बोरि पट बांधि पुनि पावक देहु लगाइ॥24॥

भावार्थ–मैं सबको समझाता हूं कि पूंछ पर बंदर की कुछ अधिक ही ममता होती है। अतः तेल में कपड़ा भिगोकर इसकी पूंछ में लपेट दो और उसमें अग्नि प्रज्वलित कर दो। (24)

चौपाई

पूंछहीन बानर तहं जाइहि।
तब सठ निज नाथहि लइ आइहि॥
जिन्ह कै कीन्हिसि बहुत बड़ाई।
देखेउं मैं तिन्ह कै प्रभुताई॥1॥
बचन सुनत कपि मन मुसुकाना।
भइ सहाय सारद मैं जाना॥
जातुधान सुनि रावन बचना।
लागे रचैं मूढ़ सोइ रचना॥2॥
रहा न नगर बसन घृत तेला।
बाढ़ी पूंछ कीन्ह कपि खेला॥
कौतुक कहं आए पुरबासी।
मारहिं चरन करहिं बहु हांसी॥3॥
बाजहिं ढोल देहिं सब तारी।
नगर फेरि पुनि पूंछ प्रजारी॥
पावक जरत देखि हनुमंता।
भयउ परम लघु रूप तुरंता॥4॥

निबुकि चढेउ कपि कनक अटारीं।
भई सभीत निसाचर नारीं।।5।।

भावार्थ—यह वानर जब बिना पूंछ के अपने स्वामी के पास जाएगा और यह मूर्ख अपने उस मालिक को साथ लेकर यहां आएगा, जिसका इसने हमारे सामने बहुत महिमागान किया है। मैं भी उसकी प्रभुताई देखना चाहता हूं। रावण की यह बात सुनकर हनुमानजी ने मन-ही-मन मुस्कराते हुए कहा कि मैं जान गया, सरस्वतीजी इसकी बुद्धि परिवर्तित करने में सहायक हुई हैं। रावण के आदेश पर मूर्ख राक्षस हनुमानजी की पूंछ में आग लगाने की तैयारी करने लगे। हनुमानजी की पूंछ में लपेटने में इतना अधिक कपड़ा और घी-तेल प्रयोग हो गया कि नगर में मानो कपड़ा, घी और तेल समाप्त हो गया। हनुमानजी ने ऐसा कौतुक किया कि उनकी पूंछ बढ़ती ही चली गई। तमाशा देखने आए नगरवासी हनुमानजी को पैर से ठोकर मारते और उनकी हंसी उड़ाते हैं। ढोल बजते हैं, लोग तालियां पीटते हैं। हनुमानजी को नगर में घुमाने के बाद उनकी पूंछ में आग लगा दी गई। अग्नि को जलते देखकर हनुमानजी तुरंत ही लघु रूप में आ गए। बंधन से

निकलकर वे कूदते-फांदते सोने की अटारियों पर जा चढ़े। उन्हें देखकर राक्षसों की स्त्रियां भयभीत हो गईं। (1–5)

दोहा

हरि प्रेरित तेहि अवसर चले मरुत उनचास।
अट्टहास करि गर्जा कपि बढ़ि लाग अकास॥25॥

भावार्थ—उस समय भगवान श्रीहरि की प्रेरणा से उनचास प्रकार के पवन वायुमंडल में प्रवाहित होने लगे। हनुमानजी तीव्र स्वर में अट्टहास करने लगे। उन्होंने तीव्र गर्जना की और अपने स्वरूप का विस्तार करते हुए आकाश को स्पर्श करने लगे। (25)

चौपाई

देह बिसाल परम हरुआई।
मंदिर तें मंदिर चढ़ धाई॥

जरइ नगर भा लोग बिहाला।
झपट लपट बहु कोटि कराला॥1॥
तात मातु हा सुनिअ पुकारा।
एहिं अवसर को हमहि उबारा॥
हम जो कहा यह कपि नहिं होई।
बानर रूप धरें सुर कोई॥2॥
साधु अवग्या कर फलु ऐसा।
जरइ नगर अनाथ कर जैसा॥
जारा नगरु निमिष एक माहीं।
एक बिभीषन कर गृह नाहीं॥3॥
ता कर दूत अनल जेहिं सिरिजा।
जरा न सो तेहि कारन गिरिजा॥
उलटि पलटि लंका सब जारी।
कूदि परा पुनि सिंधु मझारी॥4॥

भावार्थ—उनकी देह अत्यंत विशाल, परंतु बहुत ही फुर्तीली
है। वे दौड़-दौड़कर उछल-कूद करते हुए लंका के एक
महल से दूसरे महल पर जा चढते हैं। नगर अग्नि की
लपटों में धूं-धूंकर जल रहा है, लोग व्याकुल होकर
चीख-पुकार करते हुए इधर-उधर प्राण बचाने के लिए

दौड़ रहे हैं और अग्नि की करोड़ों भयंकर लपटें उठ रही हैं। चारों ओर चीख-पुकार मच रही है कि यह वानर के रूप में कोई देवता है! साधु के अपमान के कारण यह अनाथ के नगर की तरह जल रहा है। हनुमानजी ने क्षण-भर में ही सारा नगर भस्म कर डाला, केवल विभीषण का घर नहीं जलाया। शिवजी पार्वतीजी से कहते हैं, हे पार्वती! जिन्होंने अग्नि का सृजन किया है, हनुमानजी उन्हीं के दूत हैं। यही कारण है कि वे अग्नि से नहीं जले। हनुमानजी ने इधर से उधर कूदते-फांदते हुए सारी लंका भस्म कर दी। इसके बाद वे समुद्र में कूद पड़े। (1-4)

दोहा

**पूंछ बुझाइ खोइ श्रम धरि लघु रूप बहोरि।
जनकसुता कें आगें ठाढ़ भयउ कर जोरि॥26॥**

भावार्थ—हनुमानजी ने समुद्र के जल से अपनी पूंछ की आग बुझाई, फिर थकान दूर की और लघु रूप धारण कर सीताजी के सम्मुख करबद्ध होकर जा खड़े हुए। (26)

चौपाई

मातु मोहि दीजे कछु चीन्हा।
जैसें रघुनायक मोहि दीन्हा॥
चूडामनि उतारि तब दयऊ।
हरष समेत पवनसुत लयऊ॥1॥

कहेहु तात अस मोर प्रनामा।
सब प्रकार प्रभु पूरनकामा॥
दीन दयाल बिरिदु संभारी।
हरहु नाथ मम संकट भारी॥2॥

तात सक्रसुत कथा सुनाएहु।
बान प्रताप प्रभुहि समुझायहु॥
मास दिवस महुं नाथु न आवा।
तौ पुनि मोहि जिअत नहिं पावा॥3॥

कहु कपि केहि बिधि राखौं प्राना।
तुम्हहू तात कहत अब जाना॥
तोहि देखि सीतलि भइ छाती।
पुनि मो कहुं सोइ दिनु सो राती॥4॥

भावार्थ–हनुमानजी ने कहा, हे माता! मुझे अपनी कोई पहचान दीजिए, जैसी मुझे श्रीरामजी ने दी थी। इस पर सीताजी ने अपनी चूड़ामणि उतारकर हनुमानजी को दे दी, जिसे उन्होंने सहर्ष ले लिया। सीताजी ने कहा, तात! स्वामी से मेरा प्रणाम निवेदन करके कहना–हे प्रभु! यद्यपि आप कामना रहित हैं, तथापि दीनों पर दया करना आपका स्वभाव है। अत: आप मुझ दीन के विषम संकट को भी दूर कीजिए। हे तात! इंद्रपुत्र जयंत की घटना सुनाकर प्रभु को उनके बाण का प्रताप स्मरण कराना। यदि वे एक मास में न आए तो फिर मुझे जीवित न पाएंगे। मैं किस प्रकार जीवित रहूं? हे तात! तुम भी अब जाने की बात कह रहे हो। तुम्हें देखकर हृदय को सांत्वना मिली थी, मुझे फिर वही दिन और रात की व्याकुलता रहेगी। (1–4)

दोहा

जनकसुतहि समुझाइ करि बहु बिधि धीरजु दीन्ह।
चरन कमल सिरु नाइ कपि गवनु राम पहिं कीन्ह॥27॥

भावार्थ–हनुमानजी ने सीताजी को अनेक प्रकार से समझा-बुझाकर धीरज बंधाते हुए उनके चरण-कमलों में शीश नवाया और श्रीरामजी के पास जाने हेतु प्रस्थान किया। (27)

चौपाई

चलत महाधुनि गर्जेसि भारी।
गर्भ स्रवहिं सुनि निसिचर नारी॥
नाघि सिंधु एहि पारहि आवा।
सबद किलकिला कपिन्ह सुनावा॥1॥
हरषे सब बिलोकि हनुमाना।
नूतन जन्म कपिन्ह तब जाना॥
मुख प्रसन्न तन तेज बिराजा।
कीन्हिसि रामचन्द्र कर काजा॥2॥
मिले सकल अति भए सुखारी।
तलफत मीन पाव जिमि बारी॥
चले हरषि रघुनायक पासा।
पूंछत कहत नवल इतिहासा॥3॥

तब मधुबन भीतर सब आए।
अंगद संमत मधु फल खाए॥
रखवारे जब बरजन लागे।
मुष्टि प्रहार हनत सब भागे॥4॥

भावार्थ—चलते समय हनुमानजी ने घोर गर्जना की, जिसे सुनकर राक्षसों की स्त्रियों को गर्भपात होने लगे। पवन वेग से समुद्र लांघकर उन्होंने वानरों के पास जाकर किलकिल की हर्षध्वनि की। हनुमानजी को सकुशल आया हुआ देखकर सभी वानर हर्षित होकर मानो नृत्य करने लगे। उन्होंने इस समय अपना नूतन जन्म समझा। हनुमानजी का मुख प्रसन्नता और शरीर तेज से दमक रहा है। इसी कारण सभी समझ गए कि हनुमानजी प्रभु श्रीराम का कार्य पूर्ण कर आए हैं। वे सभी हनुमानजी से मिलकर इस प्रकार बहुत आनंदित हुए, जैसे तड़पती हुई मछली को जल मिल गया हो। इसके बाद सभी हनुमानजी से उनके साथ घटी नई घटनाएं पूछते हुए श्रीरामजी की ओर चल पड़े। अंगद की सम्मति से सबने मधुवन में आकर मधुर फल खाए। जब रखवाले शोर मचाने लगे, तब घूंसों की मार से भयभीत होकर रखवाले भाग निकले। (1–4)

दोहा

जाइ पुकारे ते सब बन उजार जुबराज।
सुनि सुग्रीव हरष कपि करि आए प्रभु काज॥28॥

भावार्थ–उन रखवालों ने जाकर पुकार मचाई कि युवराज अंगद वन उजाड़ रहे हैं। यह सुनकर सुग्रीव आनंदित हुए कि वानर प्रभु श्रीराम का कार्य पूरा कर आए हैं। (28)

चौपाई

जौं न होति सीता सुधि पाई।
मधुबन के फल सकहिं कि खाई॥
एहि बिधि मन बिचार कर राजा।
आइ गए कपि सहित समाजा॥1॥
आइ सबन्हि नावा पद सीसा।
मिलेउ सबन्हि अति प्रेम कपीसा॥
पूंछी कुसल कुसल पद देखी।

राम कृपां भा काजु बिसेषी॥2॥
नाथ काजु कीन्हेउ हनुमाना।
राखे सकल कपिन्ह के प्राना॥
सुनि सुग्रीव बहुरि तेहि मिलेऊ।
कपिन्ह सहित रघुपति पहिं चलेऊ॥3॥
राम कपिन्ह जब आवत देखा।
किएं काजु मन हरष बिसेषा॥
फटिक सिला बैठे द्वौ भाई।
परे सकल कपि चरनन्हि जाई॥4॥

भावार्थ–यदि उन्होंने सीताजी की खबर न पाई होती
तो क्या वे मधुवन के फल खा सकते थे? इस प्रकार
वानरराज सुग्रीव मन में विचार कर ही रहे थे कि अपने
समूह सहित सभी वानर आ गए। उन्होंने वानरराज के
चरणों में शीश झुकाया तो सुग्रीव सभी से प्रेमपूर्वक मिले।
उन्होंने वानरों से कुशल-क्षेम पूछी, तो वानरों ने कुशलता
प्रकट करते हुए कहा कि श्रीरामजी की कृपा से विशेष
कार्य में सफलता प्राप्त हुई है। हे स्वामी! हनुमान ने यह
कार्य पूर्ण करके सभी वानरों के प्राण बचा लिये। यह
सुनकर वानरराज हनुमानजी से मिले और सभी वानरों

सहित प्रभु श्रीरामजी के पास चल पड़े। श्रीरामजी ने जब वानरों को आते हुए देखा तो उनके मन में विशेष आनंद हुआ। दोनों भाई स्फटिक शिला पर विराजमान थे। सभी वानर जाकर उनके चरणों पर गिर पड़े। (1-4)

दोहा

प्रीति सहित सब भेटे रघुपति करुना पुंज।
पूंछी कुसल नाथ अब कुसल देखि पद कंज।।29।।

भावार्थ–दया के सागर श्रीरामजी सबसे प्रेमपूर्वक गले लगकर मिले और उनकी कुशल-क्षेम पूछी। वानरों ने कहा, हे स्वामी! आपके चरण-कमल के दर्शन पाकर सभी कुशलतापूर्वक हैं। (29)

चौपाई

जामवंत कह सुनु रघुराया।
जा पर नाथ करहु तुम्ह दाया॥
ताहि सदा सुभ कुसल निरंतर।
सुर नर मुनि प्रसन्न ता ऊपर॥1॥
सोइ बिजई बिनई गुन सागर।
तासु सुजसु त्रेलोक उजागर॥
प्रभु कीं कृपा भयउ सबु काजू।
जन्म हमार सुफल भा आजू॥2॥
नाथ पवनसुत कीन्हि जो करनी।
सहसहुं मुख न जाइ सो बरनी॥
पवनतनय के चरित सुहाए।
जामवंत रघुपतिहि सुनाए॥3॥
सुनत कृपानिधि मन अति भाए।
पुनि हनुमान हरषि हियं लाए॥
कहहु तात केहि भांति जानकी।
रहति करति रच्छा स्वप्रान की॥4॥

भावार्थ—जामवंत ने कहा, हे रघुनाथजी! जिस पर आप दया-दृष्टि कर देते हैं, वह सदैव कल्याणपूर्वक और निरंतर कुशलता के साथ रहता है। देवता, मनुष्य और मुनि आदि सभी उस पर प्रसन्न रहते हैं। वही विजयी है, वही विनयी है और वही गुणों का सागर बन जाता है। उसी का सुयश त्रिलोक में प्रकाशमान होता है। प्रभु आपकी कृपा से ही यह महान कार्य पूर्ण हुआ। आज हमारा जन्म सफल हो गया। हे स्वामी! पवनपुत्र हनुमान ने जो महत्त्वपूर्ण कार्य पूर्ण किया है, उसकी महत्ता हजार मुखों से भी वर्णित नहीं की जा सकती। इसके बाद जामवंत ने श्रीरामजी के सम्मुख हनुमानजी के सुंदर कार्य का वर्णन किया। कृपानिधि श्रीरामजी को जामवंत द्वारा वर्णित हनुमानजी के चरित्र का वर्णन बहुत ही मनोहारी और सुंदर लगा। उन्होंने आनंदित होकर हनुमानजी को अपने हृदय से लगा लिया और बोले, हे तात! बताओ, लंका में सीता किस प्रकार रहती और अपने प्राणों की रक्षा करती हैं? (1-4)

दोहा

नाम पाहरु दिवस निसि ध्यान तुम्हार कपाट।
लोचन निज पद जंत्रित जाहिं प्रान केहिं बाट॥30॥

भावार्थ—हनुमानजी ने कहा, प्रभु! आपका नाम सुमिरण ही माता सीता का रात-दिन पहरा देने वाला है, आपका ध्यान ही कपाट है। वे नेत्रों को आपके चरणों में लगाए रहती हैं, यही ताला लगा है, फिर भला शरीर से प्राण जाएं तो किस मार्ग से? (30)

चौपाई

चलत मोहि चूड़ामनि दीन्ही।
रघुपति हृदयं लाइ सोइ लीन्ही॥
नाथ जुगल लोचन भरि बारी।
बचन कहे कछु जनककुमारी॥1॥
अनुज समेत गहेहु प्रभु चरना।

दीन बंधु प्रनतारति हरना॥

मन क्रम बचन चरन अनुरागी।

केहिं अपराध नाथ हौं त्यागी॥2॥

अवगुन एक मोर मैं माना।

बिछुरत प्रान न कीन्ह पयाना॥

नाथ सो नयनन्हि को अपराधा।

निसरत प्रान करिहिं हठि बाधा॥3॥

बिरह अगिनि तनु तूल समीरा।

स्वास जरइ छन माहिं सरीरा॥

नयन स्रवहिं जलु निज हित लागी।

जरैं न पाव देह बिरहागी॥4॥

सीता के अति बिपति बिसाला।

बिनहिं कहें भलि दीनदयाला॥5॥

भावार्थ—चलते समय माता ने मुझे अपनी चूड़ामणि उतारकर दी थी। श्री रघुनाथजी ने चूड़ामणि लेकर हृदय से लगा ली। हनुमानजी ने पुन: कहा, हे नाथ! दोनों नेत्रों में जल भरकर माता जानकीजी ने मुझसे कुछ वचन कहे थे—अनुज लक्ष्मण सहित प्रभु के चरण पकड़कर कहना कि आप दीनबंधु हैं, शरणागत के दु:खों को दूर करने

वाले हैं और मैं मन, वचन व कर्म से आपके चरणों की अनुरागी हूं, फिर स्वामी ने किस अपराध से मेरा परित्याग कर दिया है? इसमें एक दोष मैं अवश्य अपना मानती हूं कि आपके वियोग के साथ ही मेरे प्राण नहीं चले गए, किंतु हे स्वामी! यह तो नेत्रों का दोष है, क्योंकि प्राणों के निकलने में वे ही आग्रहपूर्वक बाधा बने हुए हैं। विरह अग्नि के समान, शरीर रूई के समान और श्वास पवन के समान हैं। अत: अग्नि और पवन के संयोग से यह शरीर क्षण-मात्र में जल सकता है, परंतु नेत्र अपने हित हेतु प्रभु के स्वरूप के दर्शन पाकर सुखी होने के लिए आंसुओं की जल-वर्षा कर देते हैं, जिससे विरह की अग्नि से भी शरीर जलने नहीं पाता। सीताजी की विपदा बहुत बड़ी है। हे दीनों पर दया करने वाले! यह कथा बिना कहे ही ठीक है, अन्यथा सुनकर आपको बड़ा क्लेश होगा। (1-5)

दोहा

निमिष निमिष करुनानिधि जाहिं कलप सम बीति।
बेगि चलिअ प्रभु आनिअ भुज बल खल दल
जीति॥31॥

भावार्थ–हे करुणा के सागर! हे दयानिधान!! उनका
एक-एक पल युग के समान कष्टकारी दशा में व्यतीत
होता है। अत: हे प्रभु! तुरंत चलकर अपनी भुजाओं के
बल से दुष्टों के दल को जीत लीजिए और सीताजी को
ले आइए। (31)

चौपाई

सुनि सीता दुख प्रभु सुख अयना।
भरि आए जल राजिव नयना॥
बचन कायं मन मम गति जाही।
सपनेहुं बूझिअ बिपति कि ताही॥1॥

कह हनुमंत बिपति प्रभु सोई।
जब तव सुमिरन भजन न होई॥
केतिक बात प्रभु जातुधान की।
रिपुहि जीति आनिबी जानकी॥2॥
सुनु कपि तोहि समान उपकारी।
नहिं कोउ सुर नर मुनि तनुधारी॥
प्रति उपकार करौं का तोरा।
सनमुख होइ न सकत मन मोरा॥3॥
सुनु सुत तोहि उरिन मैं नाहीं।
देखेउं करि बिचार मन माहीं॥
पुनि पुनि कपिहि चितव सुरत्राता।
लोचन नीर पुलक अति गाता॥4॥

भावार्थ–हनुमानजी के मुख से सीताजी की विपदा सुनकर सुख के धाम प्रभु श्रीराम के कमल नेत्रों में अश्रुओं का जल भर आया और वे बोले, मन, वचन और शरीर से जिसे मेरा आश्रय प्राप्त है, उस पर क्या स्वप्न में भी विपदा आ सकती है? हनुमानजी ने कहा, हे दयानिधान! विपत्ति तो तभी आ सकती है, जब आपका भजन-स्मरण न हो। राक्षसों की सामर्थ्य ही क्या

है? निश्चय ही आप शत्रु को जीतकर शीघ्र ही माता जानकी को ले आएंगे। हनुमान की बात सुनकर प्रभु श्रीराम ने कहा, हे हनुमान! संसार में तुम्हारे समान मेरा उपकारी देवता, मनुष्य अथवा मुनि कोई भी शरीरधारी नहीं है। मैं तुम्हारे उपकार के बदले में उपकार करूं, मेरा मन ऐसा सोच भी नहीं सकता। पुत्र! मैंने मन में भली-भांति विचार करके देख लिया कि मैं तुझसे कदापि उऋण नहीं हो सकता। देवताओं के रक्षक प्रभु श्रीराम बारंबार हनुमानजी को निहार रहे हैं। उनके नेत्र प्रेमाश्रुओं के जल से परिपूर्ण हैं और शरीर अत्यंत आनंदित है। (1-4)

दोहा

सुनि प्रभु बचन बिलोकि मुख गात हरषि हनुमंत।
चरन परेउ प्रेमाकुल त्राहि त्राहि भगवंत॥32॥

भावार्थ—प्रभु के वचन सुनकर और उनके मुख तथा आनंदित अंगों को देखकर हनुमानजी हर्ष और प्रेम से

विह्वल होकर उनके चरणों में गिरते हुए पुकार उठे, हे भगवन्! मेरी रक्षा करो, रक्षा करो। (32)

चौपाई

बार बार प्रभु चहइ उठावा।
प्रेम मगन तेहि उठब न भावा॥
प्रभु कर पंकज कपि कें सीसा।
सुमिरि सो दसा मगन गौरीसा॥1॥
सावधान मन करि पुनि संकर।
लागे कहन कथा अति सुंदर॥
कपि उठाइ प्रभु हृदयं लगावा।
कर गहि परम निकट बैठावा॥2॥
कहु कपि रावन पालित लंका।
केहि बिधि दहेउ दुर्ग अति बंका॥
प्रभु प्रसन्न जाना हनुमाना।
बोला बचन बिगत अभिमाना॥3॥
साखामृग कै बड़ि मनुसाई।
साखा तें साखा पर जाई॥

नाघि सिंधु हाटकपुर जारा।
निसिचर गन बिधि बिपिन उजारा॥4॥
सो सब तव प्रताप रघुराई।
नाथ न कछू मोरि प्रभुताई॥5॥

भावार्थ—प्रभु श्रीराम उन्हें बारंबार चरणों से उठाना चाहते हैं, परंतु प्रेम में डूबे हुए हनुमानजी चरणों से उठना नहीं चाहते। प्रभु श्रीराम का कर-कमल हनुमानजी के शीश पर है। उस स्थिति का स्मरण करते हुए शिवजी प्रेम में मग्न हो गए। मन को सावधान करके शिवजी पुनः सुंदर श्रीराम कथा का वर्णन करने लगे—हनुमानजी को उठाकर प्रभु ने हृदय से लगाया और उनका हाथ पकड़ते हुए अपने निकट बैठा लिया, फिर पूछा, हे हनुमान! रावण की अत्यंत सुरक्षित लंका और उसके बड़े उन्नत दुर्ग को तुमने किस प्रकार जलाया? हनुमानजी ने प्रभु को प्रसन्न देखकर अभिमानरहित होकर कहा, प्रभु! वानर का यही बड़ा पुरुषार्थ होता है कि वह एक डाल से दूसरी डाल पर छलांग लगाकर चला जाता है। इसी पुरुषार्थ से मैंने समुद्र लांघकर सोने की लंका जलाई और राक्षसगण को मारकर अशोक वन को उजाड़ा था।

रघुनाथजी! यह सब आपका ही प्रताप है। इसमें मेरी कुछ भी महत्ता नहीं है। (1-5)

दोहा

ता कहुं प्रभु कछु अगम नहिं जा पर तुम्ह अनुकुल।
तब प्रभावं बड़वानलहि जारि सकइ खलु तूल॥33॥

भावार्थ–प्रभु! जिससे आप प्रसन्न हों, उसके लिए कुछ भी कठिन नहीं है। आपके प्रभाव से रूई भी बड़वानल को जला सकती है अर्थात् असंभव कार्य भी संभव हो सकता है। (33)

चौपाई

नाथ भगति अति सुखदायनी।
देहु कृपा करि अनपायनी॥
सुनि प्रभु परम सरल कपि बानी।

एवमस्तु तब कहेउ भवानी॥1॥

उमा राम सुभाउ जेहिं जाना।

ताहि भजनु तजि भाव न आना॥

यह संबाद जासु उर आवा।

रघुपति चरन भगति सोइ पावा॥2॥

सुनि प्रभु बचन कहहिं कपिबृंदा।

जय जय जय कृपाल सुखकंदा॥

तब रघुपति कपिपतिहि बोलावा।

कहा चलैं कर करहु बनावा॥3॥

अब बिलंबु केहि कारन कीजे।

तुरत कपिन्ह कहुं आयसु दीजे॥

कौतुक देखि सुमन बहु बरषी।

नभ तें भवन चले सुर हरषी॥4॥

भावार्थ–हे नाथ! कृपया मुझे अपनी निश्चल भक्ति
प्रदान कीजिए। शिवजी पार्वती से बोले, हे भवानी!
हनुमानजी की अत्यंत सरल वाणी सुनकर प्रभु श्रीराम ने
'एवमस्तु' कहा। हे उमा! श्रीरामजी का स्वभाव जिसने भी
जान लिया, उसे श्रीराम के भजन के अलावा कोई भी
अन्य भक्ति अच्छी नहीं लगती। स्वामी-सेवक के बीच

होने वाला यह संवाद जिसके हृदय में गया, उसे ही श्री रघुनाथजी के चरणों की भक्ति प्राप्त हो गई। प्रभु की वाणी सुनकर वानरगण जय-जयकार करने लगे–कृपालु एवं सुख प्रदान करने वाले श्रीरामजी की जय हो! इसके बाद रघुनाथजी ने कपिराज सुग्रीव को बुलाकर कहा, अब चलने की तैयारी करो। अब विलंब न किया जाए। वानरों को तुरंत आज्ञा दो। प्रभु की यह लीला देखकर देवगण आकाश से पुष्पवर्षा करते हुए हर्षित होकर अपने-अपने लोक की ओर प्रस्थान करने लगे। (1–4)

दोहा

कपिपति बेगि बोलाए आए जूथप जूथ।
नाना बरन अतुल बल बानर भालु बरूथ॥34॥

भावार्थ–वानरराज ने शीघ्र ही वानरों को अपने पास बुलाया, तो उनके अनेक सेनापति वहां आ गए। उन वानर-भालुओं के समूह विभिन्न रंगों के हैं और वे अथाह बलशाली हैं। (34)

चौपाई

प्रभु पद पंकज नावहिं सीसा।
गर्जहिं भालु महाबल कीसा॥
देखी राम सकल कपि सेना।
चितइ कृपा करि राजिव नैना॥1॥
राम कृपा बल पाइ कपिंदा।
भए पच्छजुत मनहुं गिरिंदा॥
हरषि राम तब कीन्ह पयाना।
सगुन भए सुंदर सुभ नाना॥2॥
जासु सकल मंगलमय कीती।
तासु पयान सगुन यह नीती॥
प्रभु पयान जाना बैदेहीं।
फरकि बाम अंग जनु कहि देहीं॥3॥
जोइ जोइ सगुन जानकिहि होई।
असगुन भयउ रावनहि सोई॥
चला कटकु को बरनैं पारा।
गर्जहि बानर भालु अपारा॥4॥
नख आयुध गिरि पादपधारी।

चले गगन महि इच्छाचारी॥
केहरिनाद भालु कपि करहीं।
डगमगाहिं दिग्गज चिक्करहीं॥5॥

भावार्थ–वे प्रभु श्रीराम के चरण-कमलों में शीश झुकाते हैं। अत्यंत बलवान भालू और वानर गर्जना कर रहे हैं। श्रीरामजी ने वानरों की संपूर्ण सेना की ओर कमल नेत्रों से कृपापूर्वक दृष्टिपात किया। श्रीराम की कृपा का बल पाकर श्रेष्ठ वानर जैसे पंखवाले विशाल पर्वताकार स्वरूप में परिवर्तित हो गए। श्रीरामजी ने हर्षित होकर जब प्रस्थान किया तो विभिन्न प्रकार के सुंदर और शुभ शकुन प्रकट होने लगे। जिन प्रभु श्रीराम की कीर्ति सभी मंगलों से परिपूर्ण है, उनके प्रस्थान के समय शकुन होना नीति-सम्मत है। जानकीजी ने भी प्रभु श्रीराम के प्रस्थान को जान लिया। उनके बाएं अंग फड़क-फड़ककर मानो यह संदेश दे रहे थे। जो शुभ शकुन जानकीजी को हो रहे थे, वही रावण के लिए अपशकुन में बदलते प्रतीत हो रहे थे। वानर सेना चली, तो वह दृश्य अवर्णनीय है। असंख्य वानर और भालू तीव्र स्वर में गर्जना करते हुए आगे बढ़ रहे हैं। वे भालू और वानर–नख ही जिनके

शस्त्र हैं, वे पृथ्वी पर और आकाश में इच्छानुसार सर्वत्र चल रहे हैं। उन्होंने पर्वतों और वृक्षों को धारण किया हुआ है। वे सिंह के समान तीव्र स्वर में गरज रहे हैं। उनकी गति और तीव्र गर्जना से दिग्गज विचलित होकर चीत्कार कर रहे हैं। (1-5)

छंद

चिक्करहिं दिग्गज डोल महि गिरि लोल सागर खरभरे।
मन हरष सभ गंधर्ब सुर मुनि नाग किन्नर दुख टरे॥
कटकटहिं मर्कट बिकट भट बहु कोटि कोटिन्ह धावहीं।
जय राम प्रबल प्रताप कोसलनाथ गुन गन गावहीं॥1॥
सहि सक न भार उदार अहिपति बार बारहिं मोहई।
गह दसन पुनि पुनि कमठ पृष्ट कठोर सो किमि सोहई॥
रघुबीर रुचिर प्रयान प्रस्थिति जानि परम सुहावनी।
जनु कमठ खर्पर सर्पराज सो लिखत अबिचल पावनी॥2॥

भावार्थ—इसी कारण पृथ्वी प्रकंपित होने लगी, पर्वत अस्थिर होकर भरभराने लगे और समुद्र में खलबली मच

गई। गंधर्व, देवता, मुनि, नाग, किन्नर आदि सभी मन में हर्षित हो रहे हैं कि अब उनके दुखों के दिन समाप्त हो गए हैं। वानर योद्धा दांत किटकिटाते हुए दौड़ रहे हैं। प्रबल प्रतापी श्री रामचंद्रजी की जय-जयकार करते हुए वे उनके गुणों का यशगान कर रहे हैं। अत्यंत उदार सर्पराज शेषजी भी इस सेना का भार नहीं सह सकते, वे बार-बार मोहित होकर कच्छप की कठोर पीठ को दांतों से पकड़ने का प्रयास करते हैं। ऐसा करते समय कच्छप की पीठ पर रेखा-सी बनाते हुए वे इस प्रकार शोभायमान हो रहे हैं, जैसे श्रीरामजी की प्रस्थान यात्रा को अत्यंत सुहावनी जानकर इस पवित्र कथा को शेषजी कच्छप की पीठ पर अंकित कर रहे हों। (1–2)

दोहा

एहि बिधि जाइ कृपानिधि उतरे सागर तीर।
जहं तहं लागे खान फल भालु बिपुल कपि बीर॥35॥

भावार्थ—इस प्रकार कृपानिधान श्रीरामजी समुद्र तट पर जा पहुंचे। अनेक बलवान भालू और वानर वीर इधर-उधर से फल खाने लगे। (35)

चौपाई

उहां निसाचर रहहिं ससंका।
जब ते जारि गयउ कपि लंका॥
निज निज गृहं सब करहिं बिचारा।
नहिं निसिचर कुल केर उबारा॥1॥
जासु दूत बल बरनि न जाई।
तेहि आएं पुर कवन भलाई॥
दूतन्हि सन सुनि पुरजन बानी।
मंदोदरी अधिक अकुलानी॥2॥
रहसि जोरि कर पति पग लागी।
बोली बचन नीति रस पागी॥
कंत करष हरि सन परिहरहू।
मोर कहा अति हित हियं धरहु॥3॥
समुझत जासु दूत कइ करनी।

स्रवहिं गर्भ रजनीचर घरनी॥
तासु नारि निज सचिव बोलाई।
पठवहु कंत जो चहहु भलाई॥4॥
तव कुल कमल बिपिन दुखदाई।
सीता सीत निसा सम आई॥
सुनहु नाथ सीता बिनु दीन्हें।
हित न तुम्हार संभु अज कीन्हें॥5॥

भावार्थ—हनुमानजी जब से लंका को जलाकर गए थे, उसी समय से राक्षस भयभीत रहने लगे। सभी राक्षस अपने घरों में विचार करते हुए भयाकुल हैं कि अब उनके कुल की रक्षा कौन कर सकता है? जिसके दूत का बल अवर्णनीय है, स्वयं उसके नगर में आगमन पर कौन सकुशल रह सकता है? दूतियों से नगरवासियों की चर्चा सुनकर पटरानी मंदोदरी अत्यधिक व्याकुल हो गई। वह हाथ जोड़कर अपने पति रावण के चरण स्पर्श करती हुई नीतिपूर्ण वाणी में बोली, हे प्रियतम! कृपया भगवान श्रीहरि के साथ विरोध करना छोड़ दीजिए और इस बात को अत्यधिक हितकर जानकर हृदय में धारण कीजिए। जिनके दूत के कृत्य का विचार करने से ही राक्षसों की

स्त्रियों के गर्भपात हो जाते हैं, स्वयं उनके आने से राक्षस कुल की कुशलता नहीं। अत: प्रिय स्वामी! यदि आप अपना और राक्षस-कुल का कल्याण चाहते हैं, तो अपने मंत्री को बुलाकर उसके साथ उनकी स्त्री को सकुशल भेज दीजिए। सीता आपके कुल रूपी कमलों के वन को दु:ख देने वाली शीतकाल की रात्रि के समान आई है। सीता को बिना लौटाए शिव और ब्रह्माजी भी आपका भला नहीं कर सकते। (1–5)

दोहा

राम बान अहि गन सरिस निकर निसाचर भेक।
जब लगि ग्रसत न तब लगि जतनु करहु तजि टेक॥36॥

भावार्थ–श्रीरामजी के बाण सर्पों के समूह के समान और राक्षसों के समूह मेंढक के समान हैं। इससे पहले कि वे इन्हें ग्रस लें, आप अपना हठ छोड़कर कोई उपाय कर लीजिए। (36)

चौपाई

श्रवन सुनी सठ ता करि बानी।
बिहसा जगत बिदित अभिमानी॥
सभय सुभाउ नारि कर साचा।
मंगल महुं भय मन अति काचा॥1॥
जौं आवइ मर्कट कटकाई।
जिअहिं बिचारे निसिचर खाई॥
कंपहिं लोकप जाकीं त्रासा।
तासु नारि सभीत बड़ि हासा॥2॥
अस कहि बिहसि ताहि उर लाई।
चलेउ सभां ममता अधिकाई॥
मंदोदरी हृदयं कर चिंता।
भयउ कंत पर बिधि बिपरीता॥3॥
बैठेउ सभां खबरि असि पाई।
सिंधु पार सेना सब आई॥
बूझेसि सचिव उचित मत कहहू।
ते सब हंसे मष्ट करि रहहू॥4॥

जितेहु सुरासुर तब श्रम नाहीं।
नर बानर केहि लेखे माही॥5॥

भावार्थ–मूर्ख और जगत प्रसिद्ध अभिमानी रावण महारानी मंदोदरी की बात सुनकर हंसते हुए बोला, नारी-स्वभाव वास्तव में बहुत डरपोक होता है। तुम मंगल में भी अमंगल की कल्पना करके भयभीत होती हो। तुम्हारा हृदय बहुत ही कमजोर है। यदि वानर सेना यहां आएगी तो राक्षस उनका भक्षण करके अपना जीवन-निर्वाह करेंगे। लोकपाल भी जिसके प्रताप के कारण कांपते रहते हैं, उसकी स्त्री अकारण ही भयभीत होती हो, यह बड़े हास्य की बात है। यह कहते हुए रावण ने हंसकर मंदोदरी को हृदय से लगा लिया और अत्यधिक प्रेम का प्रदर्शन करते हुए वह दरबार में चला गया। मंदोदरी हृदय में चिंतित होने लगी कि संभवतः उसके पति पर विधाता की दृष्टि प्रतिकूल हो गई है। रावण जब दरबार में पहुंचा तो उसे ऐसी सूचना मिली कि शत्रु की समस्त सेना समुद्र के उस पार आ गई है, इस पर उसने मंत्रियों से पूछा कि अब क्या किया जाना चाहिए? सभी मंत्री हंसकर बोले, इसमें सलाह करने जैसी क्या बात है? आपने

समस्त देवताओं और राक्षसों को जीत लिया और कुछ
भी कठिनाई नहीं हुई, तो भला ये मानव और वानर किस
गिनती में हैं? (1-5)

दोहा

सचिव बैद गुर तीनि जौं प्रिय बोलहिं भय आस।
राज धर्म तन तीनि कर होइ बेगिहीं नास॥37॥

भावार्थ—मंत्री, वैद्य और गुरु—ये तीन यदि अप्रसन्न
होने के भय या लाभ की आशा के कारण सही बात
न कहकर प्रिय बोलते हैं तो क्रमश: राज्य, शरीर और
धर्म—ये तीन शीघ्र ही नष्ट हो जाते हैं। (37)

चौपाई

सोइ रावन कहुं बनि सहाई।
अस्तुति करहिं सुनाइ सुनाई॥

अवसर जानि बिभीषनु आवा।
भ्राता चरन सीसु तेहिं नावा॥1॥
पुनि सिरु नाइ बैठ निज आसन।
बोला बचन पाइ अनुसासन॥
जौ कृपाल पूंछिहु मोहि बाता।
मति अनुरूप कहउं हित ताता॥2॥
जो आपन चाहै कल्याना।
सुजसु सुमति सुभ गति सुख नाना॥
सो परनारि लिलार गोसाईं।
तजउ चउथि के चंद कि नाईं॥3॥
चौदह भुवन एक पति होई।
भूतद्रोह तिष्टइ नहिं सोई॥
गुन सागर नागर नर जोऊ।
अलप लोभ भल कहइ न कोऊ॥4॥

भावार्थ–रावण के लिए भी कुछ ऐसी ही स्थिति आ बनी है। मंत्रिगण उसे सुना-सुनाकर स्तुतिगान कर रहे हैं। इसी अवसर पर विभीषणजी ने आकर बड़े भाई के चरणों में शीश झुकाया। पुनः शीश झुकाकर वे अपने आसन पर बैठ गए और उनकी आज्ञा पाकर बोले, हे कृपाल! जब

आपने मुझसे इस विषय में पूछा ही है, तो मैं अपनी बुद्धि के अनुसार आपके हित की बात कहना चाहता हूं–जो मनुष्य अपना कल्याण, सुयश, सुबुद्धि, शुभ गति और विभिन्न सुखों की इच्छा करता है, वह पराई स्त्री का चौथ के चंद्रमा की भांति परित्याग कर दे। चौदह भुवनों का स्वामी होने पर भी यदि वह जीवों से वैर करता है तो शीघ्र ही नष्ट हो जाता है। जो मनुष्य गुणों का भंडार और बुद्धिमान हो, उसे थोड़ा-सा ही लोभ क्यों न हो, फिर भी उसे भला नहीं कहा जा सकता। (1-4)

दोहा

काम क्रोध मद लोभ सब नाथ नरक के पंथ।
सब परिहरि रघुबीरहि भजहु भजहिं जेहि संत॥38॥

भावार्थ–हे स्वामी! काम, क्रोध, मद और लोभ–ये नरक के रास्ते हैं। इनका परित्याग करके उन श्रीरामजी का भजन कीजिए, जिन्हें संतजन भजते हैं। (38)

चौपाई

तात राम नहिं नर भूपाला।
भुवनेस्वर कालहु कर काला॥
ब्रह्म अनामय अज भगवंता।
ब्यापक अजित अनादि अनंता॥1॥
गो द्विज धेनु देव हितकारी।
कृपासिंधु मानुष तनुधारी॥
जन रंजन भंजन खल ब्राता।
बेद धर्म रच्छक सुनु भ्राता॥2॥
ताहि बयरु तजि नाइअ माथा।
प्रनतारति भंजन रघुनाथा॥
देहु नाथ प्रभु कहुं बैदेही।
भजहु राम बिनु हेतु सनेही॥3॥
सरन गएं प्रभु ताहु न त्यागा।
बिस्व द्रोह कृत अघ जेहि लागा॥
जासु नाम त्रय ताप नसावन।
सोइ प्रभु प्रगट समुझु जियं रावन॥4॥

भावार्थ–हे तात! श्रीराम मनुष्यों के ही भूपाल नहीं हैं, बल्कि वे समस्त लोकों के स्वामी और काल के भी काल हैं। वे निरामय, अजन्मे, व्यापक, अजेय, अनादि और अनंत ब्रह्म स्वरूप हैं। उन कृपा के सागर भगवान श्रीहरि ने पृथ्वी, ब्राह्मण, गाय और देवताओं के कल्याण हेतु ही मानव शरीर धारण किया है। हे भ्राता! वे सेवकों को हर्षित करने वाले, दुष्टों का नाश करने वाले और वेद तथा धर्म की रक्षा करने वाले हैं। हे स्वामी! कृपा करके उनसे वैर त्याग दीजिए और उन्हें शीश झुकाइए। वे श्री रघुनाथजी शरणागत के दुखों का नाश करने वाले हैं। जानकीजी को ससम्मान उन्हें लौटा दीजिए और बिना लोभ के स्नेह करने वाले श्रीरामजी का भजन कीजिए। संपूर्ण जगत से द्रोह करने वाला पापी भी यदि प्रभु का शरणागत हो जाता है तो वे उसका भी परित्याग नहीं करते। जिनके नाम से तीनों तापों का नाश हो जाता है, वे ही प्रभु मानव रूप में अवतरित हुए हैं–आप यह बात हृदय में धारण कर लीजिए। (1-4)

दोहा

बार बार पद लागउं बिनय करउं दससीस।
परिहरि मान मोह मद भजहु कोसलाधीस॥39(क)॥
मुनि पुलस्ति निज सिष्य सन कहि पठई यह बात।
तुरत सो मैं प्रभु सन कही पाइ सुअवसरु तात॥39(ख)॥

भावार्थ–हे दशशीश! मैं बारंबार आपके चरण पकड़कर विनती करता हूं कि मान, मोह और मद का परित्याग कर दीजिए और श्रीरामजी का भजन कीजिए। हे तात! मुनि पुलस्त्यजी ने अपने शिष्य के द्वारा यही संदेश दिया है, जो सुंदर और समुचित अवसर देखकर मैंने तुरंत ही आपसे कहा भी है। (39 क और ख)

चौपाई

माल्यवंत अति सचिव सयाना।
तासु बचन सुनि अति सुख माना॥

तात अनुज तव नीति बिभूषन।
सो उर धरहु जो कहत बिभीषन॥1॥
रिपु उतकरष कहत सठ दोऊ।
दूरि न करहु इहां हइ कोऊ॥
माल्यवंत गृह गयउ बहोरी।
कहइ बिभीषनु पुनि कर जोरी॥2॥
सुमति कुमति सब कें उर रहहीं।
नाथ पुरान निगम अस कहहीं॥
जहां सुमति तहं संपति नाना।
जहां कुमति तहं बिपति निदाना॥3॥
तव उर कुमति बसी बिपरीता।
हित अनहित मानहु रिपु प्रीता॥
कालराति निसिचर कुल केरी।
तेहि सीता पर प्रीति घनेरी॥4॥

भावार्थ—माल्यवान रावण का एक बुद्धिमान और नीति-निपुण मंत्री था। वह विभीषण की बात सुनकर मन-ही-मन बहुत आनंदित हुआ। उसने रावण से विनयपूर्वक कहा, हे तात! आपके छोटे भाई नीति-ज्ञान से विभूषित हैं। ये जो कह रहे हैं, उसे हृदय से स्वीकार

कर लीजिए। रावण ने क्रोधित होकर कहा, ये दोनों मूर्ख हैं, जो शत्रु की महिमा का गुणगान कर रहे हैं। यहां कोई है, जो इन्हें दरबार से दूर करे। इस पर माल्यवान तो सिर झुकाकर अपने घर लौट गया, लेकिन विभीषणजी करबद्ध होकर विनीत स्वर में रावण से बोले, हे स्वामी! पुराण और वेद कहते हैं कि सुबुद्धि और कुबुद्धि का वास सबके हृदय में होता है। जहां सुबुद्धि का वास होता है, वहां नाना प्रकार की सुखद संपदाएं रहती हैं और जहां कुबुद्धि का वास होता है, वहां विपत्ति और व्याकुलता बनी रहती है। आपके हृदय में विपरीत बुद्धि का वास हो गया है। इसी कारण आप हित को अहित और शत्रु को मित्र के रूप में देख रहे हैं। जो राक्षस कुल के लिए कालरात्रि की भांति हैं, उन सीताजी पर आपकी अत्यधिक प्रीति है। (1–4)

दोहा

तात चरन गहि मागउं राखहु मोर दुलार।
सीत देहु राम कहुं अहित न होइ तुम्हार॥40॥

भावार्थ–हे तात! मैं चरण पकड़कर आपसे विनयपूर्वक कहता हूं कि आप मेरा आग्रह स्नेह के साथ स्वीकार कर लीजिए। सीताजी को श्रीराम के पास लौटा दीजिए, इससे आपका कोई अहित न होगा। (40)

चौपाई

बुध पुरान श्रुति संमत बानी।
कही बिभीषन नीति बखानी॥
सुनत दसानन उठा रिसाई।
खल तोहि निकट मुत्यु अब आई॥1॥
जिअसि सदा सठ मोर जिआवा।
रिपु कर पच्छ मूढ़ तोहि भावा॥
कहसि न खल अस को जग माहीं।
भुज बल जाहि जिता मैं नाहीं॥2॥
मम पुर बसि तपसिन्ह पर प्रीती।
सठ मिलु जाइ तिन्हहि कहु नीती॥
अस कहि कीन्हेसि चरन प्रहारा।
अनुज गहे पद बारहिं बारा॥3॥

उमा संत कइ इहइ बड़ाई।
मंद करत जो करइ भलाई॥
तुम्ह पितु सरिस भलेहिं मोहि मारा।
रामु भजें हित नाथ तुम्हारा॥4॥
सचिव संग लै नभ पथ गयऊ।
सबहि सुनाइ कहत अस भयऊ॥5॥

भावार्थ–विभीषण ने पंडितों, पुराणों और वेदों द्वारा अनुमोदित नीति का वर्णन करके समझाया, परंतु उसे सुनते ही रावण क्रोधित होकर बोला, रे दुष्ट! अब तेरी मृत्यु निकट आ गई है। मूर्ख! तू मेरा अन्न खाकर जीवित है, पर तुझे शत्रु पक्ष अच्छा लगता है। दुष्ट! बता, जगत में कौन ऐसा है जिस पर मैंने अपनी भुजाओं के बल से विजय न प्राप्त की हो? मेरे नगर में रहकर तपस्वियों से प्रीति करता है। मूर्ख! उन्हीं के पास जा और उन्हें ही अपनी नीति बता। ऐसा कहकर रावण ने विभीषण को लात मारी, परंतु उन्होंने मारने के बाद भी बारंबार रावण के चरण ही पकड़े! शिवजी कहते हैं, हे उमा! संत की यही महत्ता है कि वे बुराई करने वाले की भी भलाई ही करते हैं। विभीषणजी बोले, आप मेरे पिता समान हैं।

आपने मुझे मारा तो ठीक किया, परंतु हे नाथ! आपका भला श्रीरामजी का भजन करने में ही है। यह कहकर विभीषण अपने मंत्रियों के साथ आकाश मार्ग में गए और सबको सुनाकर कहने लगे। (1–5)

दोहा

रामु सत्यसंकल्प प्रभु सभा कालबस तोरि।
मै रघुबीर सरन अब जाउं देहु जनि खोरि॥41॥

भावार्थ—श्रीरामजी सत्य संकल्प एवं सर्वसमर्थ हैं और हे रावण! तुम्हारी सभा काल के वशीभूत हो रही है। अत: अब मैं श्री रघुवीर की शरण में जाता हूं, मुझे दोष न देना। (41)

चौपाई

अस कहि चला बिभीषनु जबहीं।
आयूहीन भए सब तबहीं॥

साधु अवग्या तुरत भवानी।

कर कल्यान अखिल कै हानी॥1॥

रावन जबहिं बिभीषन त्यागा।

भयउ बिभव बिनु तबहिं अभागा॥

चलेउ हरषि रघुनायक पाहीं।

करत मनोरथ बहु मन माहीं॥2॥

देखिहउं जाइ चरन जलजाता।

अरुन मृदुल सेवक सुखदाता॥

जे पद परसि तरी रिषिनारी।

दंडक कानन पावनकारी॥3॥

जे पद जनकसुतां उर लाए।

कपट कुरंग संग धर धाए॥

हर उर सर सरोज पद जेई।

अहोभाग्य मै देखिहउं तेई॥4॥

भावार्थ—विभीषणजी जैसे ही वहां से चले, सभी राक्षसों की मृत्यु निश्चित हो गई। शिवजी कहते हैं, हे भवानी! साधु के अपमान से तुरंत ही संपूर्ण पुण्य का नाश हो जाता है। रावण ने जिस क्षण विभीषण का परित्याग किया था, तभी वह अभागा और वैभव से हीन हो गया।

विभीषणजी आनंदित होकर श्री रघुनाथजी की ओर चले। वे सोच रहे थे कि मैं भगवान की शरण में जाकर उनके अरुणवर्णी सुंदर चरण-कमलों के दर्शन कर पाऊंगा, जो सेवकों को सुख प्रदान करने वाले हैं। इन चरणों का स्पर्श पाकर ऋषि-पत्नी अहिल्या को मुक्ति मिली थी, जो दंडकवन के लिए पावनकारी हैं, जिन्हें सीताजी ने अपने हृदय में धारण किया है, जो कपटमृग को पकड़ने हेतु दौड़े थे और जो चरण-कमल साक्षात् शिवजी के हृदय रूपी सरोवर में विराजते रहते हैं, अहोभाग्य है कि आज मैं उनके साक्षात् दर्शन करूंगा। (1–4)

दोहा

जिन्ह पायन्ह के पादुकन्हि भरतु रहे मन लाइ।
ते पद आजु बिलोकिहउं इन्ह नयनन्हि अब जाइ॥42॥

भावार्थ—भरतजी ने जिन चरणों की पादुकाओं में अपना मन समर्पित किया हुआ है, आज मैं उन्हीं चरणों के समीप जाकर उनका इन नेत्रों से दर्शन कर सकूंगा। (42)

चौपाई

एहि बिधि करत सप्रेम बिचारा।
आयउ सपदि सिंधु एहिं पारा॥
कपिन्ह बिभीषनु आवत देखा।
जाना कोउ रिपु दूत बिसेषा॥1॥

ताहि राखि कपीस पहिं आए।
समाचार सब ताहि सुनाए॥
कह सुग्रीव सुनहु रघुराई।
आवा मिलन दसानन भाई॥2॥

कह प्रभु सखा बूझिऐ काहा।
कहइ कपीस सुनहु नरनाहा॥
जानि न जाइ निसाचर माया।
कामरूप केहि कारन आया॥3॥

भेद हमार लेन सठ आवा।
राखिअ बांधि मोहि अस भावा॥
सखा नीति तुम्ह नीकि बिचारी।
मम पन सरनागत भयहारी॥4॥

सुनि प्रभु बचन हरष हनुमाना।
सरनागत बच्छल भगवाना॥5॥

भावार्थ–प्रेम में मग्न विभीषण शीघ्र ही समुद्र पार
करके श्रीरामजी की सेना की ओर आ गए। वानरों ने
उन्हें देखकर समझा कि वे शत्रु के कोई विशेष दूत हैं।
पहरेदार वानरों ने उन्हें वहीं रोक लिया और वानरराज
सुग्रीव के पास पहुंचकर यह सब समाचार कह सुनाया।
सुग्रीव श्रीरामजी के पास जाकर बोले, हे रघुनाथजी!
रावण का भाई आपसे मिलने के लिए आया है। प्रभु
श्रीरामजी ने कहा, हे मित्र! इस बारे में तुम्हारा क्या विचार
है? वानरराज ने कहा, हे महाराज! राक्षसों की माया कोई
नहीं जानता कि इच्छानुसार रूप बदलने वाला यह छली
किस कारण आया है। संभवत: यह मूर्ख हमारा भेद लेने
आया है। अत: यही उचित है कि इसे बांध लिया जाए।
श्रीरामजी बोले, हे मित्र! तुमने नीतिसंगत बात कही है,
लेकिन मेरी प्रतिज्ञा है–शरणागत को भयमुक्त कर देना।
प्रभु श्रीराम की बात सुनकर हनुमानजी बहुत आनंदित
हुए और मन में कहने लगे कि भगवान श्रीराम बड़े
शरणागतवत्सल हैं। (1–5)

दोहा

सरनागत कहुं जे तजहिं निज अनहित अनुमानि।
ते नर पावंर पापमय तिन्हहि बिलोकत हानि॥43॥

भावार्थ–श्रीरामजी फिर बोले, जो मनुष्य अपने अहित का विचार करके शरणागत का परित्याग कर देते हैं, वे पामर और पापमय होते हैं, उन्हें देखने तक से पुण्य की हानि होती है। (43)

चौपाई

कोटि बिप्र बध लागहिं जाहू।
आएं सरन तजउं नहिं ताहू॥
सनमुख होइ जीव मोहि जबहीं।
जन्म कोटि अघ नासहिं तबहीं॥1॥
पापवंत कर सहज सुभाऊ।
भजनु मोर तेहि भाव न काऊ॥

जौं पै दुष्टहृदय सोइ होई।
मोरें सनमुख आव कि सोई॥2॥
निर्मल मन जन सो मोहि पावा।
मोहि कपट छल छिद्र न भावा॥
भेद लेन पठवा दससीसा।
तबहुं न कछु भय हानि कपीसा॥3॥
जग महुं सखा निसाचर जेते।
लछिमनु हनइ निमिष महुं तेते॥
जौं सभीत आवा सरनाईं।
रखिहउं ताहि प्रान की नाईं॥4॥

भावार्थ—जिस पर करोड़ों ब्राह्मणों की हत्या का भी पाप लगा हो, शरणागत होने पर मैं उसका भी परित्याग नहीं करता। मेरे सम्मुख आते ही प्राणी के करोड़ों जन्मों के पाप स्वत: नष्ट हो जाते हैं। पाप कर्म करने वाले का सहज स्वभाव होता है कि उसे मेरा भजन कदापि सुखकर नहीं लगता। यदि विभीषण का हृदय वास्तव में दुष्ट होता तो क्या वह मेरे सामने आने का साहस कर सकता था? निर्मल मन का मनुष्य ही मुझे पाता है। कपट और छल-छिद्र मुझे कदापि नहीं सुहाते। हे सुग्रीव! यदि उसे

रावण ने हमारा कोई भेद लेने हेतु ही भेजा है, तो भी हमें कोई भय अथवा हानि नहीं है। हे मित्र! इस संसार में जितने भी राक्षस हैं, लक्ष्मण उनका क्षण-भर में संहार कर सकते हैं और यदि वह भयग्रस्त होकर शरणागत हुआ है तो मैं उसे प्राणों के समान सहेजकर रखूंगा (1–4)

दोहा

उभय भांति तेहि आनहु हंसि कह कृपानिकेत।
जय कृपाल कहि चले अंगद हनू समेत॥44॥

भावार्थ–कृपा के धाम श्रीरामजी फिर हंसकर बोले–दोनों ही दशाओं में उसे मेरे पास ले आओ। यह सुनकर अंगद और हनुमान के साथ सुग्रीवजी 'कपालु श्रीरामजी की जय हो' कहते हुए वहां से चले गए। (44)

चौपाई

सादर तेहि आगें करि बानर।
चले जहां रघुपति करुनाकर॥
दूरिहि ते देखे द्वौ भ्राता।
नयनानंद दान के दाता॥1॥
बहुरि राम छबिधाम बिलोकी।
रहेउ ठटुकि एकटक पल रोकी॥
भुज प्रलंब कंजारुन लोचन।
स्यामल गात प्रनत भय मोचन॥2॥
सिंघ कंध आयत उर सोहा।
आनन अमित मदन मन मोहा॥
नयन नीर पुलकित अति गाता।
मन धरि धीर कही मृदु बाता॥3॥
नाथ दसानन कर मैं भ्राता।
निसिचर बंस जनम सुरत्राता॥
सहज पापप्रिय तामस देहा।
जथा उलूकहि तम पर नेहा॥4॥

भावार्थ–वानर विभीषणजी को ससम्मान आगे करके करुणानिधि श्री रघुनाथजी की ओर चल पड़े। नेत्रों को आनंद प्रदान करने वाले प्रभु श्रीराम और लक्ष्मण को विभीषणजी ने दूर ही से देख लिया था। श्रीरामजी की अनुपम छवि देखकर विभीषण पलकें झपकाना भूलकर एकटक देखते ही रह गए। भगवान की विशाल भुजाएं हैं, लाल कमल के समान नेत्र हैं तथा शरणागत के भय को हरने वाला सांवला शरीर है। उनके सिंह के समान शक्तिशाली कंधे हैं, विशाल वक्ष:स्थल अत्यंत शोभायमान हो रहा है। असंख्य कामदेवों का मन मोहित करने वाला मुख है। प्रभु का सुंदर स्वरूप देखकर विभीषणजी के नेत्र प्रेमाश्रुओं के जल से भर गए और उनका शरीर अत्यंत पुलकित हो उठा। धैर्य धरकर विभीषण कोमल स्वर में बोले, हे नाथ! मैं दशानन रावण का भाई हूं। हे सुरत्राता! मैं राक्षस कुल में जन्मा हूं। मेरा शरीर तामसिक है, स्वभाव से ही मुझे पाप प्रिय हैं, जिस प्रकार उल्लू को अंधकार सहज ही प्रिय होता है। (1–4)

दोहा

श्रवन सुजसु सुनि आयउं प्रभु भंजन भव भीर।
त्राहि त्राहि आरति हरन सरन सुखद रघुबीर॥45॥

भावार्थ—मैं आपके सुयश की चर्चा सुनकर आया हूं
कि आप जन्म-मरण के भय को नष्ट करने वाले हैं। हे
दुखियों के दुखों का निवारण करने वाले और शरणागत
के सुखदायी श्री रघुवीर! मेरी रक्षा कीजिए—मेरी रक्षा
कीजिए। (45)

चौपाई

अस कहि करत दंडवत देखा।
तुरत उठे प्रभु हरष बिसेषा॥
दीन बचन सुनि प्रभु मन भावा।
भुज बिसाल गहि हृदयं लगावा॥1॥
अनुज सहित मिलि ढिग बैठारी।

बोले बचन भगत भयहारी॥
कहु लंकेस सहित परिवारा।
कुसल कुठाहर बास तुम्हारा॥2॥
खल मंडलीं बसहु दिनु राती।
सखा धरम निबहइ केहि भांती॥
मैं जानउं तुम्हारि सब रीती।
अति नय निपुन न भाव अनीती॥3॥
बरु भल बास नरक कर ताता।
दुष्ट संग जनि देइ बिधाता॥
अब पद देखि कुसल रघुराया।
जौं तुम्ह कीन्ह जानि जन दाया॥4॥

भावार्थ–प्रभु ने विभीषण को इस प्रकार कहकर दंडवत् करते देखा तो बड़े प्रसन्न हुए। विभीषणजी के दीन वचन प्रभु श्रीराम को बहुत अच्छे लगे। उन्होंने विभीषण को अपनी विशाल भुजाओं से पकड़कर हृदय से लगा लिया। अनुज लक्ष्मणजी से गले मिलने के बाद पास बैठाकर श्रीरामजी ने भक्तों को भयमुक्त करने वाले स्वर में कहा, हे लंकेश! अपनी और अपने परिवार की कुशलता के बारे में कहो। निश्चय ही तुम्हारा निवास बुरे स्थान

पर है। तुम दिन-रात दुष्ट-मंडली में वास करते हो। हे सखे! तुम्हारे धर्म का निर्वाह किस प्रकार होता है? मैं तुम्हारे आचरण को अच्छी तरह जानता हूं। तुम बड़े नीति-निपुण हो, तुम्हें अनीति कभी भी सुखकर प्रतीत नहीं होती। हे तात! नरक में रहना फिर भी अच्छा है, लेकिन विधाता किसी को दुष्ट का संग न दे। विभीषणजी बोले, रघुनाथजी! अब आपके चरणों के दर्शन करके कुशलतापूर्वक हूं, क्योंकि आपने अपना सेवक जानकर मुझ पर अनुकंपा की है। (1-4)

दोहा

तब लगि कुसल न जीव कहुं सपनेहुं मन बिश्राम।
जब लगि भजत न राम कहुं सोक धाम तजि काम॥46॥

भावार्थ–प्राणी की उस समय तक कुशलता नहीं और स्वप्न में भी तब तक उसका मन शांत नहीं रह सकता, जब तक वह दुखों के भंडार काम-वासना का परित्याग करके श्रीरामजी का भजन नहीं करने लगता। (46)

चौपाई

तब लगि हृदयं बसत खल नाना।
लोभ मोह मच्छर मद माना॥
जब लगि उर न बसत रघुनाथा।
धरें चाप सायक कटि भाथा॥1॥
ममता तरुन तमी अंधिआरी।
राग द्वेष उलूक सुखकारी॥
तब लगि बसति जीव मन माहीं।
जब लगि प्रभु प्रताप रबि नाहीं॥2॥
अब मैं कुसल मिटे भय भारे।
देखि राम पद कमल तुम्हारे॥
तुम्ह कृपाल जा पर अनुकूला।
ताहि न ब्याप त्रिबिध भवसूला॥3॥
मैं निसिचर अति अधम सुभाऊ।
सुभ आचरनु कीन्ह नहिं काऊ॥
जासु रूप मुनि ध्यान न आवा।
तेहिं प्रभु हरषि हृदयं मोहि लावा॥4॥

भावार्थ—लोभ, मोह, ईर्ष्या, अहंकार और मान आदि दुर्गुण तभी तक हृदय में रहते हैं, जब तक कि कर में धनुष-बाण और कमर में तरकस धारण करने वाले श्री रघुनाथजी हृदय में नहीं बस जाते। ममता पूर्ण अंधियारी रात्रि के समान होती है, जो राग-द्वेष रूपी उल्लुओं के लिए सुखदायी होती है। यह तभी तक मन में वास करती है, जब तक आपका प्रताप रूपी सूर्य उदय नहीं हो जाता। प्रभु! आपके चरण-कमलों के दर्शन करके मैं कुशलता से हूं। अब मेरे भयंकर भयों का नाश हो गया है। हे कृपासिंधु! आप जिसके लिए अनुकूल होते हैं, उसे आध्यात्मिक, आधिदैविक और आधिभौतिक भवशूल प्रभावित नहीं कर पाते हैं। मैं अत्यंत निम्न प्रकृति का राक्षस और शुभ आचरण से हीन हूं। जिनका मनोरम रूप मुनियों के भी ध्यान में नहीं आता, उन्हीं प्रभु श्रीराम ने हर्षित होकर मुझे हृदय से लगा लिया। (1–4)

दोहा

अहोभाग्य मम अमित अति राम कृपा सुख पुंज।
देखेउं नयन बिरंचि सिव सेब्य जुगल पद कंज॥47॥

भावार्थ—हे कृपालु-सुखदाता श्रीरामजी! मेरा असीम सौभाग्य है कि मैंने ब्रह्मा और शिवजी द्वारा सेवित आपके चरण-कमलों को अपने नेत्रों से देखा। (47)

चौपाई

सुनहु सखा निज कहउं सुभाऊ।
जान भुसुंडि संभु गिरिजाऊ॥
जौं नर होइ चराचर द्रोही।
आवे सभय सरन तकि मोही॥1॥
तजि मद मोह कपट छल नाना।
करउं सद्य तेहि साधु समाना॥
जननी जनक बंधु सुत दारा।

तनु धनु भवन सुहृद परिवारा॥2॥

सब कै ममता ताग बटोरी।

मम पद मनहि बांध बरि डोरी॥

समदरसी इच्छा कछु नाहीं।

हरष सोक भय नहिं मन माहीं॥3॥

अस सज्जन मम उर बस कैसें।

लोभी हृदयं बसइ धनु जैसें॥

तुम्ह सारिखे संत प्रिय मोरें।

धरउं देह नहिं आन निहोरें॥4॥

भावार्थ—भगवान श्रीराम विभीषण को समझाते हुए बोले, मित्र! मैं तुम्हें अपने स्वभाव के बारे में स्पष्ट रूप से बताता हूं जिसे काकभुशुण्डि, महादेव शिव और पार्वतीजी भली-भांति जानते हैं। कोई मनुष्य यदि समस्त जड़-चेतन का द्रोही हो जाए और तत्पश्चात् भयभीत होकर मेरा शरणागत हो जाए, वह मद, मोह तथा विभिन्न प्रकार के छल-कपट का परित्याग कर दे तो मैं उसे शीघ्र ही साधु के समान विकाररहित कर देता हूं। जो प्राणी माता, पिता, भाई, पुत्र, स्त्री, शरीर, धन, घर, मित्र और परिवार आदि ममत्व रूपी धागों को बटोरकर बनी डोरी के

द्वारा अपना मन मेरे चरणों में समर्पित कर बांध देता है, जो समदर्शी कुछ इच्छा नहीं रखता है और जिसका मन हर्ष, शोक और भय से रहित रहता है, ऐसा सज्जन प्राणी मेरे हृदय में उसी प्रकार वास करता है, जिस प्रकार लोभी के हृदय में धन वास करता है। तुम जैसे संत ही मुझे प्रिय हैं। मैं किसी अन्य के निहोरे से देह को धारण नहीं करता। (1-4)

दोहा

सगुन उपासक परहित निरत नीति दृढ़ नेम।
ते नर प्रान समान मम जिन्ह कें द्विज पद प्रेम॥48॥

भावार्थ—जो सगुण भगवान के उपासक हैं, निरंतर दूसरों के हित में संलग्न रहते हैं, नीति और नियमों में दृढ़ रहते हैं और जिन्हें ब्राह्मणों के चरणों से प्रेम होता है, वे मनुष्य मुझे प्राणों के समान प्रिय होते हैं। (48)

चौपाई

सुनु लंकेस सकल गुन तोरें।
तातें तुम्ह अतिसय प्रिय मोरें॥
राम बचन सुनि बानर जूथा।
सकल कहहिं जय कृपा बरूथा॥1॥
सुनत बिभीषनु प्रभु कै बानी।
नहिं अघात श्रवनामृत जानी॥
पद अंबुज गहि बारहिं बारा।
हृदयं समात न प्रेमु अपारा॥2॥
सुनहु देव सचराचर स्वामी।
प्रनतपाल उर अंतरजामी॥
उर कछु प्रथम बासना रही।
प्रभु पद प्रीति सरित सो बही॥3॥
अब कृपाल निज भगति पावनी।
देहु सदा सिव मन भावनी॥
एवमस्तु कहि प्रभु रनधीरा।
मागा तुरत सिंधु कर नीरा॥4॥
जदपि सखा तव इच्छा नाहीं।

मोर दरसु अमोघ जग माहीं॥

अस कहि राम तिलक तेहि सारा।

सुमन बृष्टि नभ भई अपारा॥5॥

भावार्थ—हे लंकापति! तुम्हारे अंदर मैंने जो ऊपर बताए हैं, सभी गुण हैं। इसी कारण तुम मुझे अति प्रिय हो। श्रीरामजी के वचन सुनकर सब वानरगण कहने लगे, कृपासिंधु श्रीरामजी की जय हो। प्रभु की वाणी को कानों के लिए अमृत जानकर विभीषणजी फूले नहीं समाते हैं। वे बारंबार श्रीरामजी के चरण-कमलों को थाम लेते हैं। उनके हृदय में इतना प्रेम है कि वह समाता ही नहीं है। विभीषणजी बोले, हे देव, चराचर जगत के स्वामी, शरणागत के रक्षक और सबके मन की बात जानने वाले! सुनिए—मेरे हृदय में पहले जो कुछ वासना थी, वह आपके चरणों की प्रीति रूपी नदी में प्रवाहित हो गई। हे कृपालु! शिवजी को सदैव प्रिय लगने वाली अपनी पवित्र भक्ति मुझे प्रदान कर दीजिए। 'एवमस्तु' कहकर प्रभु श्रीरामजी ने तुरंत ही समुद्र का जल मंगवाया। श्रीरामजी बोले, हे मित्र! यद्यपि तुम्हारी इच्छा नहीं है, तथापि जगत में मेरा दर्शन कभी निष्फल नहीं जाता। यह

कहकर श्रीरामजी ने विभीषण का राजतिलक कर दिया।
यह देखकर देवताओं ने आकाश से पुष्पों की अपार
वर्षा की। (1-5)

दोहा

~~~~

रावन क्रोध अनल निज स्वास समीर प्रचंड।
जरत बिभीषनु राखेउ दीन्हेउ राजु अखंड।।49(क)।।
जो संपति सिव रावनहि दीन्हि दिएं दस माथ।
सोइ संपदा बिभीषनहि सकुचि दीन्ह रघुनाथ।।49(ख)।।

भावार्थ–श्रीरामजी ने रावण की तीव्र क्रोध रूपी अग्नि
में, जो विभीषण की श्वास रूपी पवन से प्रचंड हो रही
थी, जलते हुए उन्हें बचाकर लंका का अखंड राज्य
दे दिया। शिवजी ने जो संपदा रावण को दसों सिरों
के बलिदान करने पर प्रदान की थी, वही संपत्ति श्री
रघुनाथजी ने विभीषण को संकोच करते हुए प्रदान कर
दी। (49 क और ख)

चौपाई

अस प्रभु छाड़ि भजहिं जे आना।
ते नर पसु बिनु पूंछ बिषाना॥
निज जन जानि ताहि अपनावा।
प्रभु सुभाव कपि कुल मन भावा॥1॥
पुनि सर्बग्य सर्ब उर बासी।
सर्बरूप सब रहित उदासी॥
बोले बचन नीति प्रतिपालक।
कारन मनुज दनुज कुल घालक॥2॥
सुनु कपीस लंकापति बीरा।
केहि बिधि तरिअ जलधि गंभीरा॥
संकुल मकर उरग झष जाती।
अति अगाध दुस्तर सब भांती॥3॥
कह लंकेस सुनहु रघुनायक।
कोटि सिंधु सोषक तव सायक॥
जद्यपि तदपि नीति असि गाई।
बिनय करिअ सागर सन जाई॥4॥

भावार्थ—जो मनुष्य ऐसे परम कृपालु प्रभु श्रीराम के बजाय किसी अन्य का भजन करते हैं, वे बिना सींग-पूंछ के पशु हैं। अपना सेवक जानकर प्रभु ने विभीषण को अपना लिया। प्रभु का यह स्वभाव वानरकुल के मन को बहुत अच्छा लगा। सब कुछ जानने वाले, सबके हृदय में बसने वाले, सभी रूपों में प्रकट, सबसे उदासीन, भक्तों पर कृपा करने के कारण मनुष्य बने हुए तथा राक्षस-कुल का नाश करने वाले और नीति की रक्षा करने वाले प्रभु श्रीराम बोले, हे वीर वानरराज सुग्रीव और लंकापति विभीषण! इस गहरे समुद्र को किस विधि से पार किया जाए? अनेक प्रकार की जाति के मगर, सर्प और मछलियों से पूर्ण यह अथाह समुद्र पार करना अत्यंत कठिन है। विभीषणजी बोले, हे रघुनाथजी! यद्यपि आपका एक बाण ही करोड़ों समुद्रों को शुष्क कर सकता है, तथापि नीति ऐसी बताई गई है कि प्रथमत: समुद्र से प्रार्थना की जाए। (1-4)

दोहा

प्रभु तुम्हार कुलगुर जलधि कहिहि उपाय बिचारि।
बिनु प्रयास सागर तरिहि सकल भालु कपि धारि॥50॥

भावार्थ–प्रभु! समुद्र आपके कुल के पूर्वज हैं, वे ही
विचारकर कोई उपाय बता देंगे। तब भालू और वानरों की
समस्त सेना बिना किसी परिश्रम के ही समुद्र के पार
पहुंच जाएगी। (50)

चौपाई

सखा कही तुम्ह नीकि उपाई।
करिअ दैव जौं होइ सहाई॥
मंत्र न यह लछिमन मन भावा।
राम बचन सुनि अति दुख पावा॥1॥
नाथ दैव कर कवन भरोसा।
सोषिअ सिंधु करिअ मन रोसा॥

कादर मन कहुं एक अधारा।
दैव दैव आलसी पुकारा॥2॥
सुनत बिहसि बोले रघुबीरा।
ऐसेहिं करब धरहु मन धीरा॥
अस कहि प्रभु अनुजहि समुझाई।
सिंधु समीप गए रघुराई॥3॥
प्रथम प्रनाम कीन्ह सिरु नाई।
बैठे पुनि तट दर्भ डसाई॥
जबहिं बिभीषन प्रभु पहिं आए।
पाछें रावन दूत पठाए॥4॥

भावार्थ–श्रीरामजी ने कहा, हे मित्र! तुमने नीतिसम्मत उपाय बताया है। यदि दैव सहायक हों तो ऐसा ही किया जाए। यह बात लक्ष्मणजी को अच्छी नहीं लगी और श्रीरामजी की बात सुनकर तो उन्हें बहुत ही दुःख हुआ। लक्ष्मणजी ने कहा, हे नाथ! दैव का क्या भरोसा! मन में क्रोध करके समुद्र को सुखा डालिए। दैव तो केवल कायर लोगों के मन का उपाय है और आलसी लोग ही दैव-दैव की पुकार करते हैं। लक्ष्मण की बात सुनकर श्री रघुवीर हंसकर बोले, ऐसा ही करेंगे, मन में

धीरज रखो। यह कहकर प्रभु श्री रघुनाथजी ने अनुज को समझाया और समुद्र के समीप चले गए। उन्होंने पहले शीश झुकाकर प्रणाम किया, फिर किनारे पर कुश का आसन डालकर बैठ गए। इधर जब विभीषणजी प्रभु श्रीराम की शरण में आए थे, तो रावण ने उनके पीछे दूत भेज दिए थे। (1-4)

दोहा

सकल चरित तिन्ह देखे धरें कपट कपि देह।
प्रभु गुन हृदयं सराहहिं सरनागत पर नेह॥51॥

भावार्थ—रावण के दूतों ने कपट से वानर का शरीर धारण करके सभी लीलाएं देखी थीं। वे अपने हृदय में प्रभु के गुणों और शरणागत पर उनके स्नेह की सराहना करने लगे। (51)

चौपाई

प्रगट बखानहिं राम सुभाऊ।
अति सप्रेम गा बिसरि दुराऊ॥
रिपु के दूत कपिन्ह तब जाने।
सकल बांधि कपीस पहिं आने॥1॥
कह सुग्रीव सुनहु सब बानर।
अंग भंग करि पठवहु निसिचर॥
सुनि सुग्रीव बचन कपि धाए।
बांधि कटक चहु पास फिराए॥2॥
बहु प्रकार मारन कपि लागे।
दीन पुकारत तदपि न त्यागे॥
जो हमार हर नासा काना।
तेहि कोसलाधीस कै आना॥3॥
सुनि लछिमन सब निकट बोलाए।
दया लागि हंसि तुरत छोड़ाए॥
रावन कर दीजहु यह पाती।
लछिमन बचन बाचु कुलघाती॥4॥

भावार्थ—रावण के दूत अनायास ही प्रकट रूप में आकर भी बड़े प्रेम से श्रीरामजी के स्वभाव की प्रशंसा करने लगे और अपना कपट वेश भूल गए। यह देखकर वानर तुरंत जान गए कि ये शत्रु लंकाधीश रावण के दूत हैं। अत: वानर उन्हें बांधकर सुग्रीव के पास ले आए। सुग्रीव ने कहा, हे वानरो! इन राक्षसों के अंग-भंग करके वापस भेज दो। सुग्रीव की बात सुनकर वानरों ने राक्षस दूतों को बांधकर सेना के चहुं ओर घुमाया। वानर जब उन्हें बुरी तरह से मारते थे तो वे दीनता से पुकार उठते थे, फिर भी वानरों ने उन पर कोई दया भाव नहीं दिखाया और न ही उन्हें छोड़ने का कोई उपक्रम किया। इस पर दूतों ने विनयपूर्वक पुकारकर कहा, जो हमारे नाक-कान काटेगा, उसे कोसलाधीश श्रीरामजी की शपथ है। दूतों की बात सुनकर हंसते हुए लक्ष्मणजी ने उन्हें निकट बुलाकर तुरंत ही छुड़ा दिया और उनसे कहा, रावण को यह चिट्ठी देकर कहना कि हे कुलघाती! लक्ष्मण के संदेश को पढ़ो। (1–4)

दोहा

कहेहु मुखागर मूढ़ सन मम संदेसु उदार।
सीता देइ मिलेहु न त आवा काल तुम्हार॥52॥

भावार्थ—उस मूर्ख से मेरा यह उदार मौखिक संदेश कह देना कि सीताजी को लौटाकर श्रीरामजी से मिलो, अन्यथा मानो तुम्हारा काल आ गया। (52)

चौपाई

तुरत नाइ लछिमन पद माथा।
चले दूत बरनत गुन गाथा॥
कहत राम जसु लंकां आए।
रावन चरन सीस तिन्ह नाए॥1॥
बिहसि दसानन पूंछी बाता।
कहसि न सुक आपनि कुसलाता॥
पुनि कहु खबरि बिभीषन केरी।

जाहि मृत्यु आई अति नेरी॥2॥
करत राज लंका सठ त्यागी।
होइहि जव कर कीट अभागी॥
पुनि कहु भालु कीस कटकाई।
कठिन काल प्रेरित चलि आई॥3॥
जिन्ह के जीवन कर रखवारा।
भयउ मृदुल चित सिंधु बिचारा॥
कहु तपसिन्ह कै बात बहोरी।
जिन्ह के हृदयं त्रास अति मोरी॥4॥

भावार्थ–लक्ष्मणजी के चरणों में शीश झुकाकर और श्रीरामजी की गुण-गाथा गाते हुए रावण के दूत तुरंत ही वहां से चल दिए। उन्होंने लंका में आकर अपने स्वामी रावण के चरणों में शीश झुकाया। दशानन रावण ने हंसकर पूछा, रे शुक! अपनी कुशलता कह और उस विभीषण का भी समाचार सुना, जिसकी मृत्यु अत्यंत निकट आ गई है। मूर्ख ने राज्य करते हुए लंका छोड़ दी। अभागा अब जौ के कीड़े (घुन) की तरह ही वानरों के साथ रहकर पिस जाएगा। अब भालू और वानर सेना का हाल बता, जो कठिन काल की प्रेरणा से यहां आ गई

है। उनके जीवन का रक्षक कोमल चित्त वाला समुद्र बन गया है। उन तपस्वियों की भी बात बता, जिनका हृदय मुझसे अत्यधिक भयभीत है। (1–4)

दोहा

की भइ भेंट कि फिरि गए श्रवन सुजसु सुनि मोर।
कहसि न रिपु दल तेज बल बहुत चकित चित तोर॥53॥

भावार्थ—बता, उनसे तेरी भेंट हुई या वे कानों से मेरा सुयश सुनकर वापस चले गए? शत्रु सेना का तेज और बल तू बताता क्यों नहीं और तेरा चित्त बहुत ही स्तब्ध-सा क्यों हो रहा है? (53)

चौपाई

नाथ कृपा करि पूंछेहु जैसें।
मानहु कहा क्रोध तजि तैसें॥

मिला जाइ जब अनुज तुम्हारा।
जातहिं राम तिलक तेहि सारा॥1॥
रावन दूत हमहि सुनि काना।
कपिन्ह बांधि दीन्हें दुख नाना॥
श्रवन नासिका काटैं लागे।
राम सपथ दीन्हें हम त्यागे॥2॥
पूंछिहु नाथ राम कटकाई।
बदन कोटि सत बरनि न जाई॥
नाना बरन भालु कपि धारी।
बिकटानन बिसाल भयकारी॥3॥
जेहिं पुर दहेउ हतेउ सुत तोरा।
सकल कपिन्ह महं तेहि बलु थोरा॥
अमित नाम भट कठिन कराला।
अमित नाग बल बिपुल बिसाला॥4॥

भावार्थ–दूत ने कहा, हे स्वामी! आपने जिस प्रकार कृपा करके पूछा है, उसी प्रकार क्रोध त्यागकर मेरी बात मान लीजिए। जब आपका अनुज श्रीरामजी से जाकर मिला, तो श्रीरामजी ने उसी समय उसका राजतिलक कर दिया। हम रावण के दूत हैं, यह सुनते ही वानरों ने हमें बांधकर

बहुत कष्ट दिए, यहां तक कि वे हमारे नाक-कान काटने को तत्पर हो गए। उस समय जब हमने उन्हें श्रीरामजी की शपथ दिलाई तो उन्होंने हमें छोड़ दिया। हे स्वामी! आपने श्रीरामजी की सेना के बारे में पूछा है, तो उसका सौ करोड़ मुखों से भी वर्णन नहीं किया जा सकता। उनकी सेना में भयंकर मुख वाले, विशाल शरीर वाले और भयानक व विभिन्न वर्णों के भालू और वानर हैं। जिस वानर ने हमारी लंका नगरी को जलाया और आपके पुत्र अक्षय कुमार का वध किया, उसका बल तो सब वानरों में थोड़ा है। असंख्य नामों वाले विशाल, शक्तिशाली और भयंकर योद्धा हैं। उनमें असंख्य हाथियों का बल है। (1–4)

दोहा

द्विबिद मयंद नील नल अंगद गद बिकटासि।
दधिमुख केहरि निसठ सठ जामवंत बलरासि॥54॥

भावार्थ–द्विविद, मयंद, नील, नल, अंगद, गद, विकटास्य, दधिमुख, केसरी, निशठ, शठ और जाम्बवान आदि सभी शक्ति के भंडार हैं। (54)

चौपाई

ए कपि सब सुग्रीव समाना।
इन्ह सम कोटिन्ह गनइ को नाना॥
राम कृपां अतुलित बल तिन्हहीं।
तृन समान त्रेलोकहि गनहीं॥1॥

अस मैं सुना श्रवन दसकंधर।
पदुम अठारह जूथप बंदर॥
नाथ कटक महं सो कपि नाहीं।
जो न तुम्हहि जीतै रन माहीं॥2॥

परम क्रोध मीजहिं सब हाथा।
आयसु पै न देहिं रघुनाथा॥
सोषहिं सिंधु सहित झष ब्याला।
पूरहिं न त भरि कुधर बिसाला॥3॥

मर्दि गर्द मिलवहिं दससीसा।

ऐसेइ बचन कहहिं सब कीसा॥
गर्जहिं तर्जहिं सहज असंका।
मानहुं ग्रसन चहत हहिं लंका॥4॥

भावार्थ–ये भी वानर शक्ति में सुग्रीव के समान हैं और इनके समान करोड़ों हैं। उनमें से अनेक वानरों की गणना ही नहीं की जा सकती। श्रीरामजी की कृपा से उनमें अतुलित बल है और वे त्रिलोक को तिनके के समान मानते हैं। हे दशानन! मैंने स्वयं ऐसा सुना है कि अठारह पद्म तो केवल वानरों के सेनापति हैं और हे स्वामी! उस सेना में ऐसा कोई वानर नहीं है, जो आपको युद्ध में पराजित न कर सके। वे सभी अत्यंत क्रोध के साथ मुट्ठियां भींचते हैं, लेकिन श्री रघुनाथजी उन्हें आक्रमण की आज्ञा नहीं देते। वे कहते हैं कि हम मछलियों और सांपों सहित समुद्र को सुखा देंगे। नहीं तो बड़े-बड़े पर्वतों से उसे पूरा पाट देंगे। हम दशानन को मसलकर धूल में मिला देंगे। सभी वानर इसी प्रकार कह रहे हैं। वे निःशंक होकर इस प्रकार घोर गर्जना करते हैं, जैसे लंका को ग्रस लेना चाहते हैं। (1-4)

दोहा

सहज सूर कपि भालु सब पुनि सिर पर प्रभु राम।
रावन काल कोटि कहुं जीति सकहिं संग्राम॥55॥

भावार्थ—सभी वानर और भालू शूरवीर हैं और जब उनके
सिर पर प्रभु श्रीरामजी हैं तो वे युद्ध में करोड़ों कालों पर
विजय प्राप्त कर सकते हैं। (55)

चौपाई

राम तेज बल बुधि बिपुलाई।
सेष सहस सत सकहिं न गाई॥
सक सर एक सोषि सत सागर॥
तव भ्रातहि पूंछेउ नय नागर॥1॥
तासु बचन सुनि सागर पाहीं।
मागत पंथ कृपा मन माहीं॥
सुनत बचन बिहसा दससीसा।

जौं असि मति सहाय कृत कीसा॥2॥
सहज भीरु कर बचन दृढ़ाई।
सागर सन ठानी मचलाई॥
मूढ़ मृषा का करसि बड़ाई।
रिपु बल बुद्धि थाह मैं पाई॥3॥
सचिव सभीत बिभीषन जाकें।
बिजय बिभूति कहां जग ताकें॥
सुनि खल बचन दूत रिस बाढ़ी।
समय बिचारि पत्रिका काढ़ी॥4॥
रामानुज दीन्ही यह पाती।
नाथ बचाइ जुड़ावहु छाती॥
बिहसि बाम कर लीन्ही रावन।
सचिव बोलि सठ लाग बचावन॥5॥

भावार्थ–श्रीरामजी के तेज, बल और बुद्धि की विपुलता का लाखों शेष भी वर्णन नहीं कर सकते। वे एक ही बाण से सैकड़ों समुद्रों को शुष्क कर सकते हैं, परंतु नीति निपुण श्रीरामजी ने (नीति की रक्षा के लिए) आपके भाई विभीषण से नीतिसम्मत उपाय पूछा। विभीषण की बात सुनकर श्रीरामजी समुद्र से मार्ग देने का अनुरोध कर

रहे हैं। दूत की ये बातें सुनकर रावण हंसकर बोला, इस प्रकार की बुद्धि के कारण ही तो वानरों को सहायक बनाया है! स्वाभाविक रूप से कायर विभीषण के वचन को मानकर ही उन्होंने समुद्र से मचलना ठाना है। मूर्ख! मिथ्या प्रशंसा क्या करता है? मैंने शत्रु के बल व बुद्धि की थाह प्राप्त कर ली है। जिसके विभीषण की भांति कायर मंत्री हैं, उसके लिए संसार में विजय और विभूति कहां देखता है? दुष्ट रावण की बात सुनकर दूत को बड़ा क्रोध आया। उसने उचित अवसर जानते हुए लक्ष्मण के हाथ की लिखी चिट्ठी निकाली। दूत ने कहा, श्रीरामजी के छोटे भाई लक्ष्मण ने यह चिट्ठी दी है। हे स्वामी! इसे पढ़वाकर हृदय को शीतलता प्रदान कीजिए। रावण ने हंसते हुए उसे बाएं हाथ से थाम लिया और मंत्री को बुलवाकर वह मूर्ख उसे पढ़वाने लगा। (1–5)

दोहा

बातन्ह मनहि रिझाइ सठ जनि घालसि कुल खीस।
राम बिरोध न उबरसि सरन बिष्नु अज ईस॥56(क)॥

की तजि मान अनुज इव प्रभु पद पंकज भृंग।
होहि कि राम सरानल खल कुल सहित पतंग॥56(ख)॥

भावार्थ–चिट्ठी में लिखा था–मूर्ख! केवल बातों से ही मन को प्रसन्न करके अपने कुल को नष्ट न कर। श्रीरामजी से विरोध करके तू विष्णु, ब्रह्मा और महेश की शरण लेने के बाद भी नहीं बच पाएगा। अभिमान त्यागकर अपने अनुज विभीषण की भांति प्रभु के चरण-कमलों का भ्रमर बन जा, अन्यथा रे दुष्ट! श्रीरामजी के बाण रूपी अग्नि में परिवार सहित कीट-पतंगे की भांति भस्म हो जाएगा। (56 क और ख)

चौपाई

सुनत सभय मन मुख मुसुकाई।
कहत दसानन सबहि सुनाई॥
भूमि परा कर गहत अकासा।
लघु तापस कर बाग बिलासा॥1॥
कह सुक नाथ सत्य सब बानी।

समुझहु छाड़ि प्रकृति अभिमानी॥

सुनहु बचन मम परिहरि क्रोधा।

नाथ राम सन तजहु बिरोधा॥2॥

अति कोमल रघुबीर सुभाऊ।

जद्यपि अखिल लोक कर राऊ॥

मिलत कृपा तुम्ह पर प्रभु करिही।

उर अपराध न एकउ धरिही॥3॥

जनकसुता रघुनाथहि दीजे।

एतना कहा मोर प्रभु कीजे॥

जब तेहिं कहा देन बैदेही।

चरन प्रहार कीन्ह सठ तेही॥4॥

नाइ चरन सिरु चला सो तहां।

कृपासिंधु रघुनायक जहां॥

करि प्रनामु निज कथा सुनाई।

राम कृपां आपनि गति पाई॥5॥

रिषि अगस्ति कीं साप भवानी।

राछस भयउ रहा मुनि ग्यानी॥

बंदि राम पद बारहिं बारा।

मुनि निज आश्रम कहुं पगु धारा॥6॥

भावार्थ–चिट्ठी का लेख सुनते ही रावण मन-ही-मन भयभीत हो उठा, लेकिन मुख पर मुस्कान बिखेरता हुआ वह सबको सुनाकर कहने लगा, जिस प्रकार कोई पृथ्वी पर खड़े होकर हाथ से आकाश को स्पर्श करने की चेष्टा करता हो, उसी प्रकार यह छोटा तपस्वी भी वाग्विलास करता है। शुक नामक दूत ने कहा, हे स्वामी! अभिमान को त्यागकर इस पत्रिका में लिखी गई सभी बातों को सत्य जानिए। क्रोध छोड़कर ध्यानपूर्वक मेरी बात सुनिए। हे नाथ! श्रीरामजी से वैर करना छोड़ दीजिए। यद्यपि श्री रघुवीर समस्त लोकों के स्वामी हैं, तथापि उनका स्वभाव अत्यंत ही उदार है। प्रभु मिलते ही आप पर कृपा कर देंगे। वे आपका एक भी अपराध अपने हृदय में नहीं रखेंगे। सीताजी को श्री रघुनाथजी को लौटा दीजिए। स्वामी! मेरी इतनी बात स्वीकार कर लीजिए। उसने जब सीताजी को लौटा देने की बात कही तो दुष्ट रावण ने उस पर लात का प्रहार किया। वह दूत भी विभीषण की तरह ही चरणों में शीश झुकाकर वहीं चला गया, जहां कृपासागर श्री रघुनाथजी विराज रहे थे। प्रणाम करके उसने अपनी व्यथा-कथा कह सुनाई और श्रीरामजी की कृपा से बुराई से मुक्ति प्राप्त की। शिवजी पार्वतीजी से कहते हैं, हे भवानी! वह ज्ञानी मुनि था और

वह अगस्त्य ऋषि के शाप से राक्षस हो गया था। वह बारंबार श्रीरामजी के चरणों की वंदना करके अपने आश्रम की ओर प्रस्थान कर गया। (1-6)

दोहा

बिनय न मानत जलधि जड़, गए तीनि दिन बीति।
बोले राम सकोप तब भय बिनु होइ न प्रीति॥57॥

भावार्थ—इधर विनयपूर्वक मार्ग देने का अनुरोध करते हुए जब तीन दिन बीत गए और मूर्ख समुद्र ने विनय स्वीकार न की तो श्रीरामजी क्रोधित होकर बोले, भय के बिना प्रीति नहीं होती! (57)

चौपाई

लछिमन बान सरासन आनू।
सोषौं बारिधि बिसिख कृसानू॥

सठ सन बिनय कुटिल सन प्रीती।
सहज कृपन सन सुंदर नीती॥1॥
ममता रत सन ग्यान कहानी।
अति लोभी सन बिरति बखानी॥
क्रोधिहि सम कामिहि हरि कथा।
ऊसर बीज बएं फल जथा॥2॥
अस कहि रघुपति चाप चढ़ावा।
यह मत लछिमन के मन भावा॥
संधानेउ प्रभु बिसिख कराला।
उठी उदधि उर अंतर ज्वाला॥3॥
मकर उरग झष गन अकुलाने।
जरत जंतु जलनिधि जब जाने॥
कनक थार भरि मनि गन नाना।
बिप्र रूप आयउ तजि माना॥4॥

भावार्थ–हे लक्ष्मण! धनुष-बाण ले आओ, मैं अग्निबाण से
समुद्र को शुष्क कर डालूंगा। मूर्ख प्राणी से विनय, कुटिल
के साथ प्रीति, कंजूस प्रकृति वाले प्राणी से सुंदर उदारता
का उपदेश, मोह में फंसे हुए मनुष्य से ज्ञान की कथा,
अत्यंत लोभी मनुष्य से वैराग्य का वर्णन, क्रोधी से शांति

की वार्ता और कामी से भगवान की कथा कहने का वैसा ही फल होता है, जैसे ऊसर भूमि में बीज बोने से व्यर्थ हो जाता है। यह कहकर श्री रघुनाथजी ने धनुष पर बाण चढ़ाया। यह बात लक्ष्मणजी के मन को बहुत अच्छी लगी। प्रभु ने भयानक अग्निबाण का संधान किया, जिससे समुद्र के हृदय में अग्नि की ज्वाला धधकने लगी। समुद्र में वास करने वाले जीव मगर, सांप और मछलियां आदि व्याकुल हो गए। जब समुद्र ने जीवों को व्याकुल होकर जलते देखा तो वह स्वर्ण थाल में मोती-माणिक्य भरकर और अभिमान त्यागकर ब्राह्मण के रूप में प्रस्तुत हुआ। (1-4)

दोहा

काटेहिं पइ कदरी फरइ कोटि जतन कोउ सींच।
बिनय न मान खगेस सुनु डाटेहिं पइ नव नीच॥58॥

भावार्थ–काकभुशुंडिजी कहते हैं, हे गरुड़जी! कोई भले ही करोड़ों उपाय करके सींचे, लेकिन केला काटने पर ही फल प्रदान करता है। इसी प्रकार निम्न स्तर का प्राणी

भी विनय से नहीं मानता, वह डांटने के बाद ही सही राह पर आता है। (58)

चौपाई

सभय सिंधु गहि पद प्रभु केरे।
छमहु नाथ सब अवगुन मेरे॥
गगन समीर अनल जल धरनी।
इन्ह कइ नाथ सहज जड़ करनी॥1॥
तव प्रेरित मायां उपजाए।
सृष्टि हेतु सब ग्रंथनि गाए॥
प्रभु आयसु जेहि कहं जस अहई।
सो तेहि भांति रहे सुख लहई॥2॥
प्रभु भल कीन्ह मोहि सिख दीन्ही।
मरजादा पुनि तुम्हरी कीन्ही॥
ढोल गवांर सूद्र पसु नारी।
सकल ताड़ना के अधिकारी॥3॥
प्रभु प्रताप मैं जाब सुखाई।
उतरिहि कटकु न मोरि बड़ाई॥

प्रभु अग्या अपेल श्रुति गाई।
करौं सो बेगि जौ तुम्हहि सोहाई।।4।।

भावार्थ—भयभीत होकर समुद्र ने प्रभु के चरण पकड़ते
हुए कहा, हे स्वामी! मेरे दोषों को क्षमा कीजिए। हे
नाथ! आकाश, वायु, अग्नि, जल और पृथ्वी—इनकी करनी
स्वाभाविक रूप से ही जड़ है। आपकी कृपा से माया ने
इन्हें सृष्टि हेतु सृजित किया है, सब ग्रंथों में यही वर्णित
किया गया है। स्वामी की आज्ञा के अनुसार ही प्राणी
रहने में सुख प्राप्त करता है। प्रभु, आपने बहुत अच्छा किया
कि मुझे इस प्रकार सीख दी, किंतु यह मर्यादा भी आपकी
ही बनाई हुई है। ढोल, गंवार (अज्ञानी), शूद्र (सेवक), पशु
और नारी आदि सभी के साथ उनकी प्रकृति को समझकर
व्यवहार करना चाहिए। ये सभी इसी व्यवहार के अधिकारी
हैं। इसके विपरीत व्यवहार करने पर उचित फल प्राप्त नहीं
किया जा सकता। प्रभु! आपके प्रताप से मैं अवश्य सूख
जाऊंगा और सेना भी पार उतर जाएगी, लेकिन इससे मेरी
मर्यादा नहीं रहेगी, फिर भी प्रभु की आज्ञा अनुल्लंघनीय है,
वेदों में ऐसा ही वर्णित है। अब आपको जो उचित प्रतीत
हो, मैं तुरंत वैसा ही करूंगा। (1–4)

दोहा

सुनत बिनीत बचन अति कह कृपाल मुसुकाइ।
जेहि बिधि उतरै कपि कटकु तात सो कहहु उपाइ॥59॥

भावार्थ–समुद्र के अत्यंत विनीत वचन सुनकर कृपालु
श्रीरामजी ने मुस्कराते हुए कहा, हे तात! वानरों की सेना
उस पार उतर जाए, कोई ऐसा उपाय बताओ। (59)

चौपाई

नाथ नील नल कपि द्वौ भाई।
लरिकाई रिषि आसिष पाई॥
तिन्ह कें परस किएं गिरि भारे।
तरिहहिं जलधि प्रताप तुम्हारे॥1॥
मैं पुनि उर धरि प्रभुताई।
करिहउं बल अनुमान सहाई॥
एहि बिधि नाथ पयोधि बंधाइअ।

जेहिं यह सुजसु लोक तिहुं गाइअ॥2॥

एहि सर मम उत्तर तट बासी।

हतहु नाथ खल नर अघ रासी॥

सुनि कृपाल सागर मन पीरा।

तुरतहिं हरी राम रनधीरा॥3॥

देखि राम बल पौरुष भारी।

हरषि पयोनिधि भयउ सुखारी॥

सकल चरित कहि प्रभुहि सुनावा।

चरन बंदि पाथोधि सिधावा॥4॥

भावार्थ—समुद्र ने करबद्ध होकर विनीत स्वर में कहा, स्वामी! आपकी सेना में नील और नल दो वानर भाई हैं। उन्हें लड़कपन में ऋषि से आशीर्वाद मिला था कि उनके स्पर्श कर लेने से ही भारी-भरकम पर्वत-शिलाएं भी आपके प्रताप से समुद्र पर तैरने लगेंगी। मैं भी प्रभु के प्रभुत्व को हृदय में धारण करके अपने बल के अनुसार आपका सहायक बनूंगा। हे स्वामी! समुद्र को अपने प्रताप से इस प्रकार बांधिए कि त्रिलोक में आपका सुयश फैल जाए। स्वामी! धनुष पर चढ़े अपने इस बाण से मेरे उत्तर तट पर वास करने वाले पापी, दुष्टों का संहार कर

दीजिए। कृपालु और रणधीर श्रीरामजी ने समुद्र के मन की व्यथा सुनकर अपना बाण उस ओर ही छोड़कर उन दुष्टों का वध कर दिया। प्रभु श्रीराम का अपरिमित बल और पौरुष देखकर समुद्र हर्ष मनाते हुए बहुत आनंदित हुआ। उसने तट पर रहने वाले दुष्टों का संपूर्ण चरित्र प्रभु को कह सुनाया, तत्पश्चात् वह चरण-वंदना करके समुद्र में समाहित गया। (1–4)

छंद

निज भवन गवनेउ सिंधु श्री रघुपतिहि यह मत भायऊ।
यह चरित कलि मलहर जथामति दास तुलसी गायऊ॥1॥
सुख भवन संसय समन दवन बिषाद रघुपति गुन गना॥
तजि सकल आस भरोस गावहि सुनहि संतत सठ मना॥2॥

भावार्थ—समुद्र चला गया। श्री रघुनाथजी को उसका परामर्श अच्छा लगा। यह वर्णन कलियुग के पापों का हरण करने वाला है। तुलसीदास ने इसे अपनी बुद्धि के अनुसार वर्णित किया है। श्री रघुनाथजी के गुण सुख के

धाम, संदेह और विषाद को समाप्त करने वाले हैं। मूर्ख मन! तू संसार के प्रति समस्त आशा-विश्वास का त्याग करके निरंतर इनका भजन-कीर्तन कर। (1-2)

दोहा

सकल सुमंगल दायक रघुनायक गुन गान।
सादर सुनहिं ते तरहिं भव सिंधु बिना जलजान॥60॥

भावार्थ–श्री रघुनाथजी का गुणगान समस्त सुमंगलों को प्रदान करने वाला है। जो प्राणी इसका ससम्मान श्रवण करेंगे, वे बिना किसी जलयान (साधन) के ही भवसागार से पार हो जाएंगे। (60)

इति श्रीमद्रामचरितमानसे सकलकलिकलुषविध्वंसने पंचमः सोपानः समाप्तः।

भावार्थ–कलियुग के सभी पापों को नष्ट करने वाले श्री रामचरितमानस के पांचवें सोपान का समापन हुआ।

श्री
हनुमान चालीसा

दोहा

श्रीगुरु चरन सरोज रज, निज मनु मुकुरु सुधारि।
बरनऊं रघुबर बिमल जसु, जो दायकु फल चारि॥
बुद्धिहीन तनु जानिके, सुमिरौं पवन-कुमार।
बल बुद्धि बिद्या देहु मोहिं, हरहु कलेस बिकार॥

भावार्थ—श्रीगुरु महाराज के चरण-कमलों की धूल से अपने मन रूपी दर्पण को पवित्र करने के पश्चात् मैं श्रीरघुवीर के निर्मल यश को वर्णित करता हूं, जो चारों फल—धर्म, अर्थ, काम और मोक्ष को प्रदान करने वाला है। हे पवन कुमार! मैं आपका स्मरण करता हूं। आप जानते ही हैं कि मेरा शरीर और बुद्धि बहुत निर्बल है। मुझे शारीरिक बल, सद् बुद्धि एवं ज्ञान प्रदान कीजिए और मेरे क्लेश एवं विकारों को नष्ट कर दीजिए।

चौपाई

जय हनुमान ज्ञान गुन सागर।
जय कपीस तिहुं लोक उजागर॥1॥

भावार्थ—हे हनुमानजी! आपकी जय हो। आप ज्ञान और गुण के सागर हैं। हे कपीश्वर! आपकी जय हो! तीनों लोकों—स्वर्गलोक, भूलोक और पाताललोक में आपकी कीर्ति फैली हुई है।

रामदूत अतुलित बल धामा।
अंजनि-पुत्र पवनसुत नामा॥2॥

भावार्थ—हे राम के दूत! आप पवनसुत और अंजनी-पुत्र के नाम से भी जाने जाते हो। आपके बल की कोई तुलना नहीं की जा सकती।

महाबीर बिक्रम बजरंगी।
कुमति निवार सुमति के संगी॥3॥

भावार्थ–हे महावीर बजरंग बली! आप महान पराक्रमी हैं। आप कुमति का निवारण करके सुमति प्रदान करने में सहायक होते हैं।

कंचन बरन बिराज सुबेसा।
कानन कुंडल कुंचित केसा॥4॥

भावार्थ–आप सुनहरे रंग, सुंदर वस्त्रों, कानों में कुंडल और घुंघराले बालों से शोभायमान हो रहे हैं।

हाथ बज्र औ ध्वजा बिराजै।
कांधे मूंज जनेऊ साजै॥5॥

भावार्थ–आप हाथ में वज्र और ध्वजा थामे हुए हैं और आपके कंधे पर मूंज की जनेऊ शोभा प्रदान कर रही है।

शंकर सुवन केसरीनंदन।
तेज प्रताप महा जग बंदन॥6॥

भावार्थ—हे शंकर के अवतार, केसरी नंदन! आपके पराक्रम और यश की संसार-भर में वंदना होती है।

विद्यावान गुनी अति चातुर।
राम काज करिबे को आतुर॥7॥

भावार्थ—आप विद्वान, गुणी और अत्यंत चतुर हैं तथा श्रीराम के कार्य करने हेतु सदैव तत्पर रहते हैं।

प्रभु चरित्र सुनिबे को रसिया।
राम लखन सीता मन बसिया॥8॥

भावार्थ—आप श्रीरामचरित सुनने में आनंद रस प्राप्त करते हैं। श्रीराम, सीता और लक्ष्मण आपके हृदय में वास करते हैं।

सूक्ष्म रूप धरि सियहिं दिखावा।
बिकट रूप धरि लंक जरावा॥9॥

भावार्थ—आपने सूक्ष्म रूप धारण करके सीताजी को दर्शन दिए और भयानक रूप धारण करके लंका को जला दिया।

भीम रूप धरि असुर संहारे।
रामचंद्र के काज संवारे॥10॥

भावार्थ—आपने विशाल रूप धारण करके राक्षसों का संहार किया और श्रीरामजी के कार्यों को सफल बनाया।

लाय सजीवन लखन जियाये।
श्रीरघुबीर हरषि उर लाये॥11॥

भावार्थ—हे महाबली हनुमान! आपने संजीवनी बूटी लाकर लक्ष्मणजी की प्राणरक्षा की, तब भगवान श्री रामचंद्रजी ने प्रसन्न होकर आपको गले से लगा लिया।

रघुपति कीन्ही बहुत बड़ाई।
तुम मम प्रिय भरतहिं सम भाई॥12॥

भावार्थ—श्रीरामचंद्र ने आपकी बहुत प्रशंसा करते हुए कहा कि तुम मेरे लिए भ्राता भरत के समान प्रिय हो।

सहस बदन तुम्हरो जस गावैं।
अस कहि श्रीपति कंठ लगावैं॥13॥

भावार्थ—सहस्र मुख तुम्हारा यश-गान करते हैं। यह कहकर श्रीराम ने आपको गले से लगा लिया।

सनकादिक ब्रह्मादि मुनीसा।
नारद सारद सहित अहीसा॥14॥

भावार्थ—श्रीसनक, श्रीसनातन, श्रीसनंदन, श्रीसनत्कुमार आदि मुनि, ब्रह्मा आदि देवता और नारदजी, सरस्वतीजी, शेषनागजी आदि सभी आपका गुणगान करते हैं।

जम कुबेर दिग्पाल जहां ते।
कबि कोबिद कहि सके कहां ते॥15॥

भावार्थ—यमराज, कुबेर आदि सभी दिशाओं के रक्षक, कवि विद्वान, पंडित अथवा कोई भी प्राणी आपके यश को पूर्णत: वर्णित नहीं कर सकता।

तुम उपकार सुग्रीवहिं कीन्हा।
राम मिलाय राज पद दीन्हा॥16॥

भावार्थ—आपने सुग्रीवजी की श्रीराम से भेंट करवाकर उपकार किया, जिसके कारण उन्हें राजा का पद प्राप्त हुआ।

तुम्हरो मंत्र बिभीषन माना।
लंकेस्वर भए सब जग जाना॥17॥

भावार्थ—आपके मंत्र का विभीषणजी ने पालन किया जिसके कारण वे लंका के राजा बने, इस बात को सारा संसार जानता है।

जुग सहस्र जोजन पर भानू।
लील्यो ताहि मधुर फल जानू॥18॥

भावार्थ–सहस्रों योजन की दूरी पर जो सूर्य स्थित है, आपने मीठा फल समझकर उसका भक्षण कर लिया था।

प्रभु मुद्रिका मेलि मुख माहीं।
जलधि लांघि गए अचरज नाहीं॥19॥

भावार्थ–श्रीरामजी की अंगूठी मुंह में रखकर आपने समुद्र को लांघ लिया, इसमें कोई आश्चर्य की बात नहीं है।

दुर्गम काज जगत के जेते।
सुगम अनुग्रह तुम्हरे तेते॥20॥

भावार्थ–संसार में जितने भी दुर्गम कार्य हैं, वे आपका अनुग्रह प्राप्त होने पर सहज और सुगम हो जाते हैं।

राम दुआरे तुम रखवारे।
होत न आज्ञा बिनु पैसारे॥21॥

भावार्थ–श्रीरामजी के द्वार के आप रखवाले हैं। इस द्वार में आपकी आज्ञा बिना कोई भी प्रवेश नहीं कर सकता अर्थात् आपके अनुग्रह के बिना राम की कृपा प्राप्त करना संभव नहीं है।

सब सुख लहै तुम्हारी सरना।
तुम रच्छक काहू को डरना॥22॥

भावार्थ–आपकी शरण में आने वाले प्राणी को सभी प्रकार के आनंद सहज ही प्राप्त हो जाते हैं और जब आप रक्षक हैं, तो फिर किसी प्रकार का भय नहीं रहता।

आपन तेज सम्हारो आपै।
तीनों लोक हांक तें कांपै॥23॥

भावार्थ–आपके अलावा आपके वेग को कोई नहीं संभाल सकता और आपकी गर्जना से त्रिलोक प्रकंपित हो जाते हैं।

भूत पिसाच निकट नहिं आवै।
महाबीर जब नाम सुनावै॥24॥

भावार्थ—महावीर हनुमानजी का जहां नाम सुमिरण किया जाता है, वहां भूत, पिशाच आदि निकट भी नहीं आ सकते।

नासै रोग हरै सब पीरा।
जपत निरंतर हनुमत बीरा॥25॥

भावार्थ—वीर हनुमानजी! आपका निरंतर जप करने से सभी रोगों का नाश हो जाता है और सब प्रकार की पीड़ा दूर हो जाती है।

संकट तें हनुमान छुड़ावै।
मन क्रम बचन ध्यान जो लावै॥26॥

भावार्थ—मन, कर्म और वचन में जिनका ध्यान आपमें लगा रहता है, उन्हें आप सभी संकटों से मुक्त करा देते हैं।

सब पर राम तपस्वी राजा।
तिन के काज सकल तुम साजा।।27।।

भावार्थ—तपस्वी राजा श्रीरामजी सर्वश्रेष्ठ हैं और आपने उनके समस्त कार्यों को सहज ही पूर्ण कर दिया।

और मनोरथ जो कोइ लावै।
सोइ अमित जीवन फल पावै।।28।।

भावार्थ—जिस पर आपका अनुग्रह हो और उसकी कोई भी अभिलाषा हो तो उसे ऐसा फल प्राप्त होता है जिसकी जीवन में कोई सीमा नहीं होती।

चारों जुग परताप तुम्हारा।
है परसिद्ध जगत उजियारा।।29।।

भावार्थ—चारो युगों—सतयुग, त्रेतायुग, द्वापरयुग तथा कलियुग में आपका प्रताप फैला हुआ है और संसार में आपकी कीर्ति सर्वत्र प्रकाशित हो रही है।

साधु-संत के तुम रखवारे।
असुर निकंदन रामदुलारे।।30।।

भावार्थ—आप श्रीराम के दुलारे और साधु-संतों की रक्षा
तथा दुष्टों का नाश करने वाले हैं।

अष्ट सिद्धि नौ निधि के दाता।
अस बर दीन जानकी माता।।31।।

भावार्थ—माता श्रीजानकीजी से आपको ऐसा वरदान प्राप्त
है, जिससे आप किसी को भी अष्ट सिद्धि और नव निधि
प्रदान कर सकते हैं।

राम रसायन तुम्हरे पासा।
सदा रहो रघुपति के दासा।।32।।

भावार्थ—आप सदैव श्रीरघुनाथजी की शरण में रहते हैं।
आपके पास राम-नाम का रसायन भी है, जो बुढ़ापा और
असाध्य रोगों का नाश करने वाला है।

तुम्हरे भजन राम को पावै।
जनम-जनम के दुख बिसरावै॥33॥

भावार्थ—आपका भजन-कीर्तन करने से श्रीरामजी सरलता से प्राप्त हो जाते हैं और भक्तों के जन्म-जन्मांतर के दुख दूर हो जाते हैं।

अंतकाल रघुबर पुर जाई।
जहां जन्म हरि-भक्त कहाई॥34॥

भावार्थ—ऐसे मनुष्य अंतकाल में श्रीरामजी के धाम जाते हैं और यदि फिर भी मनुष्य योनि में जन्म लेंगे तो भक्ति करेंगे और श्रीराम-भक्त कहलाएंगे।

और देवता चित्त न धरई।
हनुमत सेइ सर्ब सुख करई॥35॥

भावार्थ—हनुमानजी की सेवा करने से सभी प्रकार के सुख प्राप्त हो जाते हैं, इसके बाद अन्य किसी देवता का ध्यान करने की आवश्यकता नहीं रहती।

संकट कटै मिटै सब पीरा।
जो सुमिरै हनुमत बलबीरा॥36॥

भावार्थ—जो मनुष्य हनुमानजी का स्मरण करता रहता है, उसके सभी संकट समाप्त हो जाते हैं और सभी पीड़ा दूर हो जाती है।

जै जै जै हनुमान गोसाईं।
कृपा करहु गुरुदेव की नाईं॥37॥

भावार्थ—हे स्वामी हनुमानजी! आपकी जय हो, जय हो, जय हो! आप मुझ पर श्रीगुरुदेव के समान अनुकंपा कीजिए।

जो सत बार पाठ कर कोई।
छूटहि बंदि महा सुख होई॥38॥

भावार्थ—जो मनुष्य इस हनुमान चालीसा का सौ बार पाठ करेगा, उसे सभी प्रकार के बंधनों से मुक्ति मिल जाएगी और वह परमानंद को प्राप्त करेगा।

जो यह पढ़ै हनुमान चालीसा।
होय सिद्धि साखी गौरीसा॥39॥

भावार्थ–यह हनुमान चालीसा भगवान शिवजी ने लिखवाया है। अत: वे साक्षी हैं कि जो इसका पाठ करेगा, उसे अवश्य ही सफलता प्राप्त होगी।

तुलसीदास सदा हरि चेरा।
कीजै नाथ हृदय मंह डेरा॥40॥

भावार्थ–हे स्वामी हनुमानजी! तुलसीदास सदैव श्रीराम का सेवक रहा है। अत: आप उसके हृदय में वास कीजिए।

दोहा

पवन तनय संकट हरन, मंगल मूरति रूप।
राम लखन सीता सहित, हृदय बसहु सुर भूप॥

भावार्थ–हे संकटहारी हनुमानजी! आपका स्वरूप कल्याणकारी है। हे सुरभूप! आप श्रीराम, सीताजी और लक्ष्मणजी सहित मेरे हृदय में वास कीजिए।

संकटमोचन हनुमानाष्टक

बाल समय रबि लियो तब तीनहुं लोक भयो अंधियारो।
ताहि सों त्रास भयो जग को यह संकट काहु सों जात न टारो॥
देवन आनि करी बिनती तब छांडि दियो रबि कष्ट निवारो।
को नहिं जानत है जग में कपि संकटमोचन नाम तिहारो॥1॥

भावार्थ—हे परमवीर हनुमानजी! आपने बाल्यकाल में जब सूर्य को मीठा फल समझकर उसका भक्षण कर लिया था तो तीनों लोक में अंधकार व्याप्त हो गया था। संपूर्ण जगत में जो विपदा का समय था, उसे कोई भी टाल पाने में समर्थ नहीं हो पा रहा था। उस समय सभी देवताओं ने आपके पास आकर प्रार्थना की कि सूर्य को छोड़ दें और हम सभी के कष्टों को दूर करें। हे पवन-पुत्र हनुमान! आपको कौन नहीं जानता, आपका तो नाम ही संकटमोचन है। आपने देवताओं के बड़े और कठिन कार्यों को पूरा किया है, फिर मुझ दीन-हीन का ऐसा कौन-सा संकट हो सकता है, जिसे आप दूर नहीं कर सकते!

बालि की त्रास कपीस बसे गिरि जात महाप्रभु पंथ निहारो।
चौंकि महा मुनि साप दियो तब चाहिय कौन बिचार बिचारो॥

कै द्विज रूप लिवाय महाप्रभु सो तुम दास के सोक निवारो।
को नहिं जानत है जग में कपि संकटमोचन नाम तिहारो॥2॥

भावार्थ—बाली से भयभीत होकर सुग्रीव अपनी सेना के
साथ ऋष्यमूक पर्वत पर आकर रहने लगते हैं। उस समय
हनुमानजी ने स्वयं ब्राह्मण का वेश धारण करके भगवान
श्रीराम की भक्ति की और उन्हें उस ओर बुलाया। इस
प्रकार हनुमानजी कोई-न-कोई उचित उपाय करके भक्तों
के दुखों को दूर करते हैं।

अंगद के संग लेन गये सिय खोज कपीस यह बैन उचारो।
जीवत ना बचिहौ हम सो जु बिना सुधि लाए इहां पगु धारो॥
हरि थके तट सिंधु सबै तब लाय सिया-सुधि प्रान उबारो।
को नहिं जानत है जग में कपि संकटमोचन नाम तिहारो॥3॥

भावार्थ—हे हनुमान! आप अंगद के साथ माता सीताजी
की खोज में निकले और एक कठिन समस्या का समाधान
किया। वानरराज सुग्रीव ने उनसे कहा था कि अगर
आप बिना सीता माता की खोज किए लौटोगे तो सबको
मृत्युदंड मिलेगा। सभी वानर आदि समुद्र तट पर थके-हारे

बैठे थे कि आप सीता माता की खबर लाये और सबके प्राण बचाए।

रावन त्रास दई सिय को सब राक्षसि सों कहि सोक निवारो।
ताहि समय हनुमान महाप्रभु जाय महा रजनीचर मारो॥
चाहत सीय असोक सों आगि सु दै प्रभु मुद्रिका सोक निवारो।
को नहिं जानत है जग में कपि संकटमोचन नाम तिहारो॥4॥

भावार्थ—रावण ने सीता माता को बहुत पीड़ा पहुंचाई और प्रताड़ित करते हुए कहा कि उन्हें अपने दुखों को दूर करने के लिए राक्षसों की शरण में आ जाना चाहिए। उस समय हनुमानजी ने अशोक वाटिका में पहुंचकर सभी राक्षसों का संहार कर डाला और अशोक वाटिका में माता सीता को खोज लिया। उन्होंने भगवान श्रीराम की अंगूठी देकर माता सीता के कष्टों को दूर किया।

बान लग्यो उर लछिमन के तब प्रान तजे सुत रावन मारो।
लै गृह बैद्य सुषेन समेत तबै गिरि द्रोन सु बीर उपारो॥
आनि सजीवन हाथ दई तब लछिमन के तुम प्रान उबारो।
को नहिं जानत है जग में कपि संकटमोचन नाम तिहारो॥5॥

भावार्थ–जब रावण के पुत्र इंद्रजीत मेघनाद के शक्ति-प्रहार से लक्ष्मण मूर्च्छित हो जाते हैं, तो उनकी प्राणरक्षा हेतु हनुमानजी वैद्यराज सुषेण को उनके लंका में स्थित घर के साथ उठाकर ले आते हैं। वैद्यराज के उपचार के अनुसार, सूर्योदय से पूर्व लक्ष्मणजी को यदि संजीवनी बूटी मिल जाए तो उनकी प्राणरक्षा हो सकती है। वैद्य द्वारा बताई गई बूटी को न पहचानने के कारण वे संपूर्ण पर्वत को उठाकर ले आते हैं और लक्ष्मण को संजीवनी बूटी देकर उनकी प्राणरक्षा करते हैं।

रावन जुद्ध अजान कियो तब नाग की फांस सबे सिर डारो।
श्रीरघुनाथ समेत सबै दल मोह भयो यह संकट भारो॥
आनि खगेस तबै हनुमान जु बंधन काटि सुत्रास निवारो।
को नहिं जानत है जग में कपि संकटमोचन नाम तिहारो॥6॥

भावार्थ–रावण ने जब श्रीराम और लक्ष्मणजी पर नागपाश नामक अस्त्र का प्रहार किया, तब दोनों मूर्च्छित हो गए। इसके बाद सभी पर जैसे भीषण संकट छा जाता है। नागपाश के बंधन से केवल गरुड़राज ही मुक्ति प्रदान कर सकते थे। यह जानकर हनुमानजी पवन वेग से उड़कर

देवलोक जाते हैं और गरुड़राज को युद्धस्थल पर लेकर आते हैं। गरुड़राज श्रीराम और लक्ष्मणजी को नागपाश से मुक्ति दिलाते है। इस प्रकार हनुमानजी सभी के कष्टों का निवारण करते हैं।

बंधु समेत जबै अहिरावन लै रघुनाथ पताल सिधारो।
देबिहिं पूजि भली बिधि सों बलि देउ सबै मिलि मंत्र बिचारो॥
जाय सहाय भयो तब ही अहिरावन सैन्य समेत संहारो।
को नहिं जानत है जग में कपि संकटमोचन नाम तिहारो॥7॥

भावार्थ—जब अहिरावण श्रीराम और लक्ष्मण दोनों भाइयों को लेकर पाताल चला गया और देवी की पूजा-अर्चना करके उनकी बलि देने के लिए मंत्रोच्चारण कर रहा था, तभी हनुमानजी पाताल जाकर अहिरावण और उसकी सेना का संहार कर भगवान श्रीराम और लक्ष्मणजी को सकुशल वापस ले आते हैं।

काज किये बड देवन के तुम बीर महाप्रभु देखि बिचारो।
कौन सो संकट मोर गरीब को जो तुमसों नहिं जात है टारो॥

बेगि हरो हनुमान महाप्रभु जो कछु संकट होय हमारो।
को नहिं जानत है जग में कपि संकटमोचन नाम तिहारो॥8॥

भावार्थ–हनुमानजी ने भगवान श्रीराम के सभी कार्य सफलतापूर्वक पूर्ण किए और उनके सभी संकटों का निवारण किया। हे महाप्रतापी, महाबली हनुमान! मुझ गरीब के संकटों का भी नाश कर दो। आप सब जानते हैं और आप ही इन्हें दूर कर सकते हैं। प्रभु! मेरे जो भी संकट हैं, उन सबको दूर कर दीजिए।

दोहा

लाल देह लाली लसे, अरु धरि लाल लंगूर।
बज्र देह दानव दलन, जय जय जय कपि सूर॥

भावार्थ–जो लाल रंग का सिंदूर लगाते हैं, जिनका शरीर लाल और वज्र के समान कठोर एवं बलवान हैं, जिनकी लंबी-सी पूंछ है और जो राक्षसों का संहार करते हैं, ऐसे महाबलि हनुमान की जय हो, जय हो, जय हो।

श्री गणेशजी
की आरती

जय गणेश जय गणेश जय गणेश देवा।
माता जाकी पार्वती पिता महादेवा॥

एकदंत दयावंत चार भुजाधारी।
माथे पे तिलक सोहे, मूसे की सवारी॥

पान चढ़े, फूल चढ़े और चढ़े मेवा।
लड्डुअन का भोग लगे संत करें सेवा॥

जय गणेश जय गणेश जय गणेश देवा।
माता जाकी पार्वती पिता महादेवा॥

अंधन को आंख देत कोढ़िन को काया।
बांझन को पुत्र देत निर्धन को माया॥

हार चढ़े फूल चढ़े और चढ़े मेवा।
सूर श्याम शरण आए सफल कीजे सेवा॥

जय गणेश जय गणेश जय गणेश देवा।
माता जाकी पार्वती पिता महादेवा॥

दीनन की लाज राखो शंभु-सुत वारी।
कामना को पूरा करो जाऊं बलिहारी।।

जय गणेश जय गणेश जय गणेश देवा।
माता जाकी पार्वती पिता महादेवा।।

श्री रामचंद्रजी की आरती

आरती कीजे श्री रघुबरजी की।
सत् चित् आनंद शिव सुंदर की॥

दशरथ-तनय, कौसिला-नंदन।
सुर-मुनि-रक्षक दैत्य-निकंदन॥
अनुगत-भक्त भक्त-उर-चंदन।
मर्यादा-पुरुषोत्तम वर की॥

आरती कीजे श्री रघुबरजी की।
सत् चित् आनंद शिव सुंदर की॥

निर्गुण-सगुन अरूप-रूपनिधि।
सकल लोक-वंदित विभिन्न विधि॥
हरण शोक-भय, दायक सब सिधि।
मायारहित दिव्य नर-वर की॥

आरती कीजे श्री रघुबरजी की।
सत् चित् आनंद शिव सुंदर की॥

जानकी पति सुराधिपति जगपति।
अखिल लोक पालक त्रिलोक गति॥
विश्ववंद्य अनवंद्य अमित-मति।
एकमात्र गति सचराचर की॥

आरती कीजे श्री रघुबरजी की।
सत् चित् आनंद शिव सुंदर की॥

शरणागत वत्सल व्रतधारी।
भक्त-कल्पतरु-वर असुरारी॥
नाम लेत जग पावनकारी।
बानर-सखा, दीन-दुख हर की॥

आरती कीजे श्री रघुबरजी की।
सत् चित् आनंद शिव सुंदर की॥

श्री
हनुमानलला
की आरती

आरती कीजे हनुमानलला की।
दुष्टदलन रघुनाथ कला की॥

जाके बल से गिरिवर कांपे।
रोग-दोष जाके निकट न झांपै॥

अंजनि-पुत्र महा बलदाई।
संतन के प्रभु सदा सहाई॥

दे बीरा रघुनाथ पठाए।
लंका जारि सिया सुधि लाए॥

लंका-सो कोट समुद्र-सी खाई।
जात पवनसुत बार न लाई॥

लंका जारि असुर संहारे।
सियारामजी के काज संवारे॥

लछमन मूर्च्छित परे सकारे।
आनि संजीवन प्रान उबारे॥

पैठि पाताल तोरि जम-कारे।
अहिरावन की भुजा उखारे॥

बाएं भुजा असुर दल मारे।
दाहिने भुजा संतजन तारे॥

सुर नर मुनि आरती उतारें।
जय जय जय हनुमान उचारें॥

कंचन थार कपूर लौ छाई।
आरति करत अंजना माई॥

जो हनुमानजी की आरति गावै।
बसि बैकुंठ परम पद पावै॥

जो आपन चाहै कल्याना।
सुजसु सुमति सुभ गति सुख नाना॥
सो परनारि लिलार गोसाईं।
तजउ चउथि के चंद कि नाईं॥
चौदह भुवन एक पति होई।
भूतद्रोह तिष्टइ नहिं सोई॥
गुन सागर नागर नर जोऊ।
अलप लोभ भल कहइ न कोऊ॥

"जो मनुष्य अपना कल्याण, सुयश, सुबुद्धि, शुभ गति
और विभिन्न सुखों की इच्छा करता है, वह पराई स्त्री का
चौथ के चंद्रमा की भांति परित्याग कर दे। चौदह भुवनों
का स्वामी होने पर भी यदि वह जीवों से वैर करता है
तो शीघ्र ही नष्ट हो जाता है। जो मनुष्य गुणों का भंडार
और बुद्धिमान हो, उसे थोड़ा-सा ही लोभ क्यों न हो,
फिर भी उसे भला नहीं कहा जा सकता।"

–श्रीरामभक्त विभीषण

(सुंदरकांड से)